KB251939

업무력 초격차를 만드는

AI 프롬프트 실무 활용법

업무력 초격차를 만드는

AI 프롬프트 실무 활용법

김용무·신주일 지음

대림북스

들어가는 글

미쳤다! 미쳤다! 아유 미치겠네!

GPT, 제미나이, 클로드, 퍼플렉시티, 젠스파크… 매일 아침마다 새로운 기능이 쏟아지고, 유튜브 알고리즘은 온통 AI 자랑으로 가득하다.

"이 기능이면 야근 끝!"

"이 프롬프트는 미쳤습니다!"

"이거 모르면 5년 뒤에 실직!"

유튜버들은 얼굴이 빨개지도록 흥분해서 이렇게 외친다. 그리고 그 영상을 본 김 과장은 속으로 계속 중얼거린다.

"와… 저건 진짜 미쳤다."

"나도 저거 써봐야 하나?"

그리고 결국 유료 결제를 눌러버린다. 뒤처지기 싫어서, AI를 못 쓰면 나만 손해 볼 것 같아서.

하지만 문제는… 막상 내 업무에 적용하려고 하니 하나도 모르겠다.

프롬프트도 어렵고, 기능은 많은데 뭘 어떻게 붙여야 하는지도 모르겠다. 유튜브에서 본 대로 따라 해봤지만 정작 내 일에는 잘 안 맞고, 손만 더 가고, 다시 예전 방식으로 돌아간다.

그럴 때 김 과장은 혼잣말한다.

"아… 나 진짜 미치겠네."

하루 한 개씩, 내 업무에 '미친 생산성'을 붙이는 방법

대부분의 직장인은 비슷한 좌절을 겪는다. "이 기능이 대체 내 업무랑 무슨 상관이지?" "유튜버들이 시킨 대로 해도 보고서가 안 예뻐." "AI가 대답은 잘하는데… 내가 원하는 결과가 안 나와."

결국 이렇게 생각한다.

'아… 아직은 멀었구나. 내 업무는 AI로는 못 하지 뭐….'

그러고 나면 마음 한 켠에서 '내 일은 쉽게 대체되지 않겠군'이라는 '조용한 안도감'이 슬쩍 고개를 든다.

"그래, 지금까지 하던 대로 그냥 하자."

하지만… 그 순간 진짜 놓치고 있는 것이 있다.

AI를 잘 쓰는 사람과 못 쓰는 사람의 차이는 AI와의 대화에 업무 스킬을 녹여내고 있는지의 여부에서 비롯된다는 점이다. 일을 구조화하고, 정리하고, 문제의 본질에 접근하는 업무 능력을 프롬프트에 녹여내서 일하는 사람은 AI를 통해 탁월한 업무 성과를 빠르게 만들어내고 있다.

이렇게 업무력 초격차를 내는 사람은 기존의 일잘러와는 업무 레벨이 다른 'AI+ 일잘러'라고 부를 수 있다. 그리고 소수이기는 하지만 업무 현장 곳곳에서 이런 AI+ 일잘러들이 등장하고 있다.

그래서 이 책이 필요하다

이 책은 'AI 기능 소개서'도, '프롬프트 백과사전'도 아니다. 현장에서 일잘하는 사람들이 AI를 잘 쓰기 위해 어떻게 사고해야 하고, 무엇을 준비해야 하고, 어떤 프롬프트를 어떤 상황에 붙여야 하는지 알려주는 실무 지침서이다.

기획, 보고, 문서 작성, 이메일, 회의 준비… 직장인들이 매일 하는 바로 그 업무들에 실제로 바로 붙여 쓸 수 있는 구조와 프레임을 담았다.

그리고 각 장에는 '복사 → 붙여넣기 → 바로 실행'이 가능한 실전형 프롬프트를 제공한다. 프롬프트를 붙여 넣는 순간 GPT·제미나이·퍼플렉시티가 바로 당신의 업무 파트너가 되어 대화를 시작할 것이다.

당신은 아이언맨이 될 수 있다

아이언맨이 강한 이유는 슈트 때문이다. 하지만 '아무나' 슈트를 입는다고 아이언맨이 되는 건 아니다. 슈트를 다룰 수 있는 뇌를 가진 **토니 스타크**이기 때문이다.

AI도 마찬가지다. AI가 '슈트'라면, 당신은 '토니 스타크'다. 이 책은 당신의 업무 방식에 꼭 맞는 AI 슈트를 입히는 방법을 알려준다.

프롬프트 하나씩 적용하다 보면 어느새 당신은 "어? 방금 만든 결과물 뭐야? 너무 빠른데?" "와… 김 과장 오늘 진짜 일 잘했네"라는 말을 듣게 될 것이다.

당신도 어느새 AI+ 업무력을 가진 아이언맨으로 변해 있을 것이다. 그리고 미친 속도로, 미친 효율을 만들어내는 진화된 나를 만나게 될 것이다.

제시되는 프롬프트의 대부분은 GPT와의 대화를 기본으로 제시했다. 하지만 어떤 것은 제미나이로 하는 것이 더욱 효과적이다. 업무 현장에서 GPT, 제미나이 등을 다양하게 적용해볼 것을 권한다.

차례

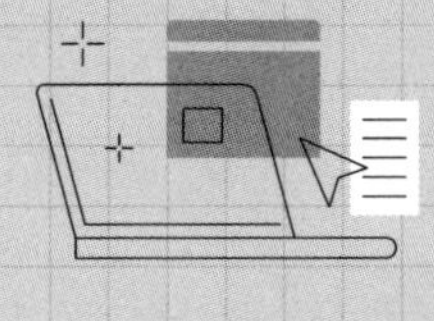
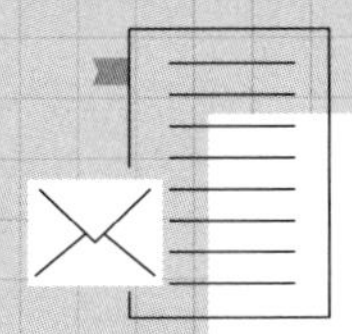
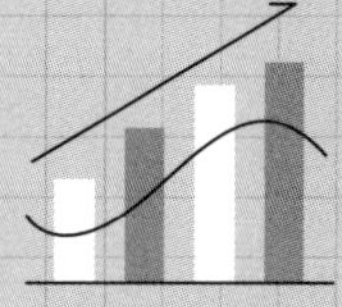

AI+ 일잘러의 마인드셋

: 초격차를 만드는 기반

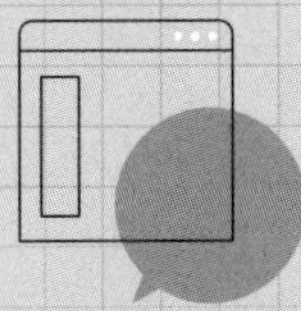

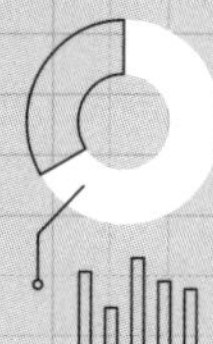

어느 날, 정말 AI라는 성실한 신입이 들어왔다. 야근도 문제없다. 불평도 없다. 질문 하나 던지면 보고서 초안이 바로 나온다.

문제는 이 신입이 **너무 일을 잘한다는 것**이다. 처음엔 고마웠다.

"와, 이거 덕분에 일이 줄겠네."

"이제 야근은 끝이겠네."

그런데 이상한 일이 벌어졌다. 보고는 빨라졌는데 회의에서 할 말이 줄어들었다.

분명 결과물은 있는데 "그래서 왜 이렇게 했죠?"라는 질문 앞에서는 입이 열리지 않는다. 어디선가 본 문장인데, 왜 이 말을 썼는지 잘 모르겠다.

이쯤 되면 슬슬 불안해진다.

"혹시 내가 이 친구의 전달자 역할만 하고 있는 건 아닐까?"

AI는 일을 대신해주겠다고 왔다. 하지만 준비 없이 맞이하면, 가장 먼저 사라지는 건 **업무량이 아니라 사고력**이다. 업무 현장에서 내 존재 가치는 점점 줄어든다.

AI와 함께 일하는 사람이 되기 위해서 우리는 물어야 한다. AI를 잘 쓰는 사람이 아니라, **AI와 함께 '일 잘하는 사람'은 무엇이 다른가?**

1장은 기술 이야기를 하지 않는다. 툴도, 프롬프트도 잠시 내려놓는다. 대신, AI 시대에도 대체되지 않는 **AI+ 일잘러의 마인드셋**부터 점검해보자.

AI가 생각까지 대신해주는 시대에 일잘러의 기준은 '속도'가 아니라 '사고의 주도권'이다.

1. 공주는 누가 구했을까?

■ 뛰어간 왕자 vs 백마 탄 왕자

어릴 적 누구나 한 번쯤 들어본 동화가 있다. 성안에 잠든 공주, 그리고 그녀를 구하러 가는 왕자 이야기다.

여기서 가벼운 퀴즈 하나.

Q1. 왕자는 공주에게 어떻게 가야 할까?

1. 걸어간다　2. 뛰어간다　3. 말을 타고 간다

정답은 너무도 분명하다. 3번이다. 왕자는 말을 타고 간다. 가능하다면, 백마를 타고.

이제 두 번째 질문이다.

Q2. 성에 도착한 뒤, 누가 공주를 깨워야 할까?

1. 말이 깨운다   2. 왕자가 깨운다

이 역시 고민할 필요가 없다. 공주를 깨우는 주체는 **왕자**다.

동화 속에서 왕자는 말을 **도구로 활용**할 뿐, 공주를 깨우는 책임과 선택은 왕자가 직접 수행한다. '뛰어가는 왕자'도 이상하지만, '말이 공주를 깨우는 이야기'는 더더욱 괴상하다. 아무리 말이 똑똑해도 동화의 주인공은 말이 아니다.

■ AI라는 '말'이 등장했다

어느 날, AI라는 존재가 우리의 업무 현장에 등장했다. 사람이 걸어서 하던 일을 말을 타고 달리는 속도로 처리할 수 있게 해주는 도구다. 문제는 여기서부터다. 사람들의 반응은 2가지 극단으로 나뉜다.

첫 번째는 **아직도 말을 타지 않는 사람들**이다.

"배워야 해서 어렵다." "말이 엉뚱한 곳으로 갈 수 있다(할루시네이션 현상)."

이런 이유로 그들은 말을 거부하고 여전히 걸어간다. 그러고는 가도 가도 끝이 없다고, 매일 밤늦게까지 걸어야 한다고 신세 한탄을 한다. 하지만 분명한 사실이 있다. 모든 사람이 말을 타는 시대에, 걷는 선택은 소신이 아니라 도태다.

두 번째는 더 위험하다. **말에 올라탄 채, 아무것도 하지 않는 왕자다.**

AI가 만들어준 결과물을 그대로 들고 가서 상사에게 보고한다. "왜 이렇게 나왔죠?" "왜 이 순서죠?"라는 질문 앞에서 일시 정지가 된다. 이 순간, 그는 왕자가 아니다. 그저 **AI에 실려 이동된 화물**일 뿐이다.

일의 결과물에 대해 판단하고, 책임지고, 설명하고, 최종적으로 전달하는 주체는 여전히 **사람**이다. AI는 말처럼 대신 달려줄 수는 있지만, 공주를 깨우지는 못한다.

그래서 AI와 함께 일할 때, 우리는 반드시 이 질문을 붙잡아야 한다.

- 이 방향이 목적지가 맞는가?
- 다른 지름길(대안)은 없었는가?
- 이 결과에 책임질 수 있는가?

이 질문에 답하지 못한다면, 당신은 이미 AI에게 주도권을 뺏긴 것이다.

■ Human in the Loop: 주도권을 놓지 않는 방식

《트렌드 코리아》의 저자 김난도 교수는 AI와 인간이 일하는 방식을 4가지로 설명한다.

- AI in the Loop(AI 참여형)
- Human in the Loop(인간 참여형)
- Human on the Loop(인간 개입형)
- Human out of the Loop(인간 배제형)

여기서 'Loop'란 일의 시작부터 끝까지 이어지는 하나의 업무 사이클을 의미한다.

AI in the Loop는 일의 중심에 사람이 있고, AI는 속도를 높여주는 보조 수단으로 활용되는 구조다. 반대로 **Human out of the Loop**는 완전 자율주행차처럼 AI가 모든 것을 결정하고 사람은 결과를 받아들이기만 하는 상태다. **Human on the Loop**는 일의 대부분은 AI가 수행하고 사람은 결과물을 검토하고 확인하는 일만을 수행한다.

업무의 프로로서 자신의 가치를 높이고 싶다면, 그리고 자신의 실력을 키워가고 싶다면 가장 바람직한 모델은 **Human in the Loop**다. AI가 업무를 수행하는 과정에 사람이 직접 개입하고, 교정하고, 확인하는 구조다. 이때 AI의 결과물은 더 좋아지고 사람의 사고력도 함께 성장한다.

말의 고삐는 사람이 쥔다. 방향과 목적은 사람이 결정한다. 속도를 조절하고, 방향을 바로잡는 역할 역시 사람이다. 그것이 **Human in the Loop**에서 함께 일하는 AI와 사람의 업무 관계다.

■ AI와 함께 일하는 우리의 진짜 정체성

AI와 함께 일하는 우리는 결과를 받아오는 '셔틀'이 아니다. 우리의 진짜 역할은 다음과 같다.

· 질문하는 사람: 제대로 된 목적지를 입력한다.

· 검증하는 사람: 말이 엉뚱한 길로 가지 않는지 감시한다.

· 수정하는 사람: 목적지에 맞게 디테일을 다듬는다.

· 책임지는 사람: 최종적으로 공주를 깨운다.

우리는 AI를 타고 가서, **우리가 직접 공주를 구해야 한다.**

사람인가, 실려가는 화물인가? (AI 활용 체크리스트)

1	나는 이 일을 왜 AI에 맡기는지, 무엇을 얻고 싶은지 명확히 설명할 수 있다. → AI 사용 목적이 불분명하면, 결과물도 통제할 수 없다.
2	AI에게 던진 질문(프롬프트)은 내 생각과 의도가 반영되어 있다. → 복사한 질문만 생각 없이 쓰고 있다면, 고삐는 이미 AI 손에 있다.
3	AI의 첫 결과물을 그대로 쓰지 않고, 최소 한 번 이상 수정·재요청했다. → 초안은 AI의 몫, 완성도는 사람의 몫이다.
4	이 결과가 '왜 이렇게 나왔는지'를 스스로 설명할 수 있다. → 설명하지 못하는 결과물은 내 것이 아니다.
5	다른 선택지나 대안 시나리오를 AI와 함께 비교·검토했다. → AI는 답을 내지만, 판단과 비교는 여러 각도에서 진행해야 한다.
6	최종 결과물에 대해 '이건 내가 책임진다'고 말할 수 있다. → AI 핑계를 대는 순간, 주도권은 AI에게 있다.
7	이번 AI 활용을 통해 내가 배운 점을 다음 업무에 적용할 수 있다. → AI와 일한 뒤 생각이 남지 않았다면 성장은 없다.

[질문에 대해]

· Yes 3개 이하) AI 화물 단계: AI를 쓰고는 있지만, AI에 실려가고 있음. 주도권 0%

· Yes 4~5개) AI 기수 단계: AI와 함께 일을 하고 있으나, 원하는 결과를 얻기 위해서는 매번 많은 시간과 노력이 들어간다.

· Yes 6개 이상) AI 마스터 단계: AI를 도구가 아니라 파트너로 활용하고 있다.

2 AI 시대, 일잘러의 역량이 더 필요한 이유

▪ 일을 못하는 사람의 특징

요리를 못하는 사람에게는 몇 가지 공통적인 패턴이 있다. 보통 이런 식이다.

· 재료를 정성껏 다듬는다(20분).

· 정체 모를 육수를 끓인다(20분).

· 그러다 핵심 재료가 없는 것을 발견하고 허겁지겁 마트에 다녀온다(15분).

· 돌아오니 체력이 방전돼 잠시 쉰다(20분).

· 그때 냄비를 본다. 육수가 거의 없다. 물을 붓고 다시 끓여 요리를 완성한다(30분).

그리고 마침내 요리를 완성하고 식탁에 앉았을 때, 결정적인 사실을 깨닫는다. "아! 맞다. 밥 안 했다!"

요리를 못하는 사람은 게으른 사람이 아니다. 오히려 누구보다 열심히 하지만 '순서' 없이 일하는 사람이다. 순서가 엉망인데 재료까지 부실하면 결과물은 먹을 수 없는 '음식물 쓰레기'에 가까워진다. 요리의 비결을 흔히 '레시피'라고 부르지만, 그 본질은 단순하다.

첫째, 순서를 아는가?
둘째, 필요한 재료를 적절한 타이밍에 정량으로 넣는가?

이 2가지만 지켜도 요리는 실패하지 않는다. 조리 도구가 식칼 하나뿐이라도 레시피가 체화된 고수의 음식이 맛있는 이유다. 도구는 보조일 뿐, 하수와 고수를 가르는 진짜 차이는 일의 원리를 꿰뚫고 있느냐에 달려 있다.

■ AI 시대에도 '일잘러'가 필요한 이유

AI 시대가 되면서 이제 개인의 업무 역량은 중요하지 않다고 말하는 사람들이 있다. "AI에게 몇 마디 물어보면 보고서가 뚝딱 나오는데, 기획력이 무슨 소용이냐"는 논리다. 결국 '도구'가 실력을 대체할 것이라는 주장이다.

하지만 이는 최신 에어프라이어와 수비드 기계를 가지면 누구나 미슐랭 셰프가 될 수 있다는 말과 같다. AI는 일의 속도를 비약적으로 높여주지만, 좋은 결과를 얻으려면 **'제대로 된 질문'**을 **'올바른 순서'**로 던져야 한다.

진짜 차이는 여기서 발생한다. 어떤 일을 먼저 해야 하는지 아는 사람, 문제를 어떤 순서로 풀어야 하는지 아는 사람, 일의 원리와 구조를 이해하는 사람이 AI를 만나면 결과물의 속도와 수준이 동시에 올라간다.

이때 기존의 일잘러에서 진화된 AI+ 일잘러가 된다.

■ AI+ 일잘러의 역량 삼각형: 공통 역량, 전문 역량 그리고 AI

일을 잘 수행하기 위한 직장인의 능력을 역량이라고 한다. 이런 역량은 보통 2가지로 구분된다.

첫째, 공통 역량이다. 흔히 말하는 비즈니스 스킬이다. 문제 해결력, 기획력, 커뮤니케이션, 보고, 프레젠테이션, 협상 능력 등이 여기에 해당한다. 직무가 달라도 반드시 필요한 일의 문법이다.

둘째, 전문 역량이다. 마케팅, 회계, 영업, IT 개발 등 특정한 영역에서 일을 제대로 처리하는 능력이다.

특히 공통 역량을 갖춘 사람은 일잘러(일을 잘하는 사람)라고 불렀고, 전문 역량이 뛰어난 사람은 전문가라고 불렀다. 2가지를 모두 갖춘 사람은 '일 잘하는 전문가'로서의 위상을 지닐 수 있었다. 최근에는 여기에 새로운 축이 하나 추가됐다. AI 활용 능력이다.

공통 역량을 갖춘 사람이 AI 플러스를 하게 되면 이 사람은 업무 프로세스 혁신가가 된다. 프로세스 전문가로서 단계마다 적절한 AI를 활용할 수 있다면, 기존의 업무에 수십 명의 보조자를 둔 효과를 낸다. 업무 프로세스가 가속화되고 기존의 업무보다 10배 이상의 능력을 발휘할 수도 있다.

전문 역량을 갖춘 사람이 AI 플러스를 할 수 있다면 자신과 같은 전문가가 동시에 2~3명이 복제되는 효과를 누릴 수 있다. 전문가 능력의 증강이라 할 수 있다.

따라서 기존에 역량이 탁월했던 사람들은 AI 활용 능력을 키워야 한다. 이 노력만으로 성과를 몇 배나 늘릴 수 있고 전문가는 더 높은 수익을 창출할 수 있다.

■ AI는 쓰레기를 만드는 속도도 10배 빠르다

반면 공통 역량, 전문 역량이 없는 사람들이 단순히 AI를 공부하고 활용을 늘리는 것은 위험하다. 일의 본질은 역량을 통해 완성되고 AI는 속도를 높여주기 때문이다. 지시할 줄 모르고, 결과를 판단할 능력이 없으며, 최종 결과에 책임질 줄 모르는 사람이 AI를 쓰면 어떻게 될까? **그저 쓰레기를 예전보다 10배 더 빨리 생산하는 것에 지나지 않는다.** 최신 조리 도구로 먹지 못할 요리를 더 빨리 만들어내는 꼴이다. 따라서 어떻게 AI를 잘 쓸 것인가라는 고민과 함께 어떻게 역량을 키울 것인가를 고민해야 한다. AI 시대에 필요한 것은 단순히 AI 툴을 잘 다루는 사람이 아니다. **AI와 함께 일 잘하는 사람**이다. 그 출발점은 늘 같다. 순서를 아는 것이다. 재료를 구분할 줄 아는 것이다. 이 기본기가 갖춰진 사람만이 AI 시대에도 일잘러로 남는다.

3 ROADS

: AI의 수준을 바꾸는 프롬프트의 5원칙

김 과장은 요즘 업무에 AI를 적극적으로 활용한다. 보고서를 쓸 때도, 기획안을 정리할 때도 AI를 켠다. 그런데 이상하게 일이 줄지 않는다. 오늘도 김 과장은 AI에게 이렇게 물었다.

"이번 분기 마케팅 전략 정리해줘."

AI는 순식간에 그럴듯한 문장을 내놓는다. 시장 분석, 트렌드, 실행 방안까지 빠짐없이 들어 있다. 겉으로 보기에는 부족한 게 없다. 하지만 김 과장이 원하던 알맹이는 없다. 그는 다시 묻는다.

"조금 더 구체적으로 써줘."

"보고용으로 정리해줘."

"임원 관점에서 날카롭게 다시 써줘."

결과는 조금씩 달라지지만, 여전히 만족스럽지 않다. AI에게 무언가 계속 시키고 있고, AI는 친절하게 답하지만 일이 진행되지 않는다. AI의 성능 문제가 아니다. AI와 일하는 방식, 즉 질문의 설계가 잘못되어 있기 때문이다.

▪ AI와 일하는 사람의 4가지 유형

AI를 쓰는 사람은 많지만, 그 수준은 천차만별이다. 차이는 기술이 아니라 '사고의 주도권'을 누가 쥐고 있느냐에 있다.

검색형: AI를 '지식인'으로 쓰는 사람

AI를 검색처럼 쓰는 유형이다. 필요한 정보를 묻고, 결과를 확인한다. 사실 확인이나 아이디어 참고에는 유용하다. 그러나 이 단계에서는 일의 목적도, 흐름도, 결과에 대한 책임도 AI와 연결되지 않는다. AI는 편리한 정보 도구이지만 일의 파트너는 아니다.

단순 지시형: AI에게 일을 '떠넘기는' 사람

"정리해줘", "보고서 만들어줘"라고 단편적인 지시를 던진다. 왜 이 일을 하는지, 판단 기준이 무엇인지 모른 채 시키기만 한다. 결과물을 봐도 "틀린 말은 아닌데, 뭔가 아니다"라는 느낌만 남는다. AI를 생각 없는 노예로 사용하는 유형이다.

대화형: AI와 협업하는 사람

AI에게 지속적으로 묻고, 단계적으로 결과물을 만들어가는 유형이다. 질문 → 답변 → 수정 → 보완 → 재질문이 이어진다. 이 방식은 **공통 역량이 탄탄한 사람**에게 특히 효과적이다. 이미 목적을 세울 줄 알고, 기준을

　　　　　　　　　　　　　　　　　　　1장 | AI+ 일잘러의 마인드셋

만들 줄 알고, 결과를 판단할 수 있는 사람이라면 AI와의 대화는 일의 속
도와 밀도를 크게 끌어올린다.

이 단계부터 AI는 검색기가 아니라 **협업 도구**가 된다.

사고 설계형: AI에게 질문을 던지게 만드는 사람

고수다. AI에게 답을 요구하기 전에 사고의 구조부터 설계한다. "네가
이 과제를 수행하기 위해 나에게 확인해야 할 정보 리스트를 뽑아줘"라고
먼저 요청한다. AI가 사고의 틀을 제시하면, 사용자는 조직의 맥락이나 상
사의 성향 같은 '현장의 정보'를 채워 넣는다. 프롬프트를 명령문이 아닌
업무 설계도로 쓰는 유형이다. 사고 설계형으로 프롬프트를 쓰게 된다면
장점이 있다.

- **생각이 먼저 정리된다.** 결과를 뽑기 전에 AI와의 질문·응답 과정을 통해 사고가
  순서대로 정리된다. 대화를 거듭할수록 생각은 더 명확해진다.

- **일의 방향이 흔들리지 않는다.** AI가 질문의 순서와 사고의 틀을 잡아주기 때문
  에 중간에 자료를 찾아 헤매거나 왜 이 일을 하고 있는지 잊지 않는다. 일의 목적
  과 기준이 끝까지 유지된다.

- **역량의 격차를 줄여준다.** 가장 큰 장점이다. 대화형의 방식은 질문자의 역량에
  크게 의존한다. 결국 "AI가 일을 못하는 이유는 사용자가 일하는 능력이 없고 질
  문이 형편없기 때문이다"라는 결론에 도달한다. 그러나 사고 설계형 프롬프트
  는 다르다. 공통 역량이 충분하지 않아도 AI가 사고의 구조를 먼저 제시한다. 그
  결과, 개인의 역량 차이를 넘어서는 성과를 만들어낼 수 있다.

■ 역·목·길·단·다, ROADS가 프롬프트의 뼈대이다

사고 설계형 프롬프트는 어떻게 시작해야 할까? 일의 목적과 프로세스를 한 번에 관통하는 5원칙, **ROADS**를 기억하자. 이를 한 번에 정리하는 방식이 '역·목·길·단·다'이다.

1) 역(役): 역할을 부여하라(Role)

AI는 가면을 씌울 때 실력이 달라진다. 똑똑한 비서에서 그치지 않고 10년 차 전략 기획자나 냉철한 보고 코치라는 페르소나를 줘야 답변의 관점과 기준이 생긴다.

2) 목(目): 목적을 선명히 하라(Objective)

단순히 "○○ 만들어줘"라고 하는 것은 지시가 아니라 떠넘기기다. 이 일이 왜 필요한지, 최종 독자가 누구인지 배경을 설명해야 AI가 헛다리를 짚지 않는다.

3) 길(路): 길을 묻고 방향을 함께 검토하라(Ask for the approach)

AI는 정보가 많다. AI에게 '답'보다 '길'을 먼저 물어라. "이 과제를 해결하기 위해 어떤 논리 구조가 적절할까?"라고 묻는 순간, AI는 단순한 정보 검색 도구에서 든든한 파트너가 된다.

4) 단(段): 단계적으로 함께하라(Drive step by step)

한 번에 완벽한 결과를 기대하지 마라. 목차부터 확인하고, 초안을 잡고, 내용을 채우는 단계적 접근이 필요하다. 이 과정 자체가 일잘러의 업무 방식이다.

5) 다(多/磨): 다듬어 완성하라(Sharpen)

AI의 결과물은 언제나 '초안'이다. "보고 가능한 수준으로 문장을 다듬어 줘", "5%만 더 날카롭게 수정해줘" 같은 요청이 결과물의 급을 결정한다.

이 5단계가 연결되면 프롬프트는 단순 문장이 아니다. 업무 진행의 로드맵이 된다. 그래서 R.O.A.D.S이다.

■ 프롬프트는 'AI 스킬'이 아니라 '일잘러의 사고를 담은 설계도'이다

AI와 함께 일을 잘하기 위해 프롬프트가 중요하다는 말은 절반만 맞다. 정확히는 "프롬프트 안에 일잘러의 사고가 녹아 있는가"가 핵심이다. AI를 검색창으로 쓰면 결과도 검색 수준에 머문다. 하지만 역할을 주고, 목적을 세우고, 길을 묻고, 단계적으로 다듬는 **ROADS(역목길단다)** 원칙을 적용하면 프롬프트는 단순한 문장을 넘어 업무의 로드맵이 된다. 결국, 프롬프트는 도구 사용법이 아니라 당신의 업무 프로세스를 질문으로 구현한 것이다.

4 성장 마인드셋과 일잘러 루틴

유튜브의 한 장면이다. AI 활용을 연구하는 한 전문가에게 진행자가 물었다. "격변하는 AI 시대에 전문가로서 가져야 할 가장 중요한 태도는 무엇일까요?" 전문가는 잠시 고민하더니 "회복 탄력성"이라고 답한다. 그는 AI의 진화 속도가 너무 빨라 머리가 복잡해질 때면 차라리 잠을 한숨 잔다고 했다. 그리고 다시 일어나면 대단해 보였던 AI를 어떻게 활용할지에 대한 아이디어가 떠오르고, 동시에 AI의 한계도 보이기 시작한다는 것이다. AI 전문가조차 변화의 속도 앞에서 스트레스를 느낀다. 다만 차이는 분명하다. 그 변화를 **성장의 재료로 삼느냐**, 아니면 **회피의 이유로 삼느냐**다.

■ AI 시대의 성장 마인드셋

성장 마인드셋은 단순히 '열심히 하자'거나 '긍정적으로 생각하자'는 구호가 아니다. 심리학자 캐럴 드웩이 정의한 이 개념은 변화를 위협이 아닌

'기회'로 해석하는 능력이다. 성장 마인드셋을 가진 사람은 매번의 변화를 위협이 아니라 **성장의 기회**로 해석한다. 그래서 도전하고, 그 과정에서 실제로 성장한다. 반면 고정 마인드셋을 가진 사람은 실수를 두려워하고 이미 자신은 완성되었다고 생각한다. AI 환경에서도 고정 마인드셋을 가진 사람은 "어차피 AI가 다 할 텐데 배워서 뭐 해?"라며 기존 방식을 고수한다. 반면 성장 마인드셋을 가진 일잘러는 다르게 생각한다.

- **실패는 성장의 데이터다**: 실패를 능력 부족이라고 결론짓지 않고 성장의 데이터로 쓴다.
- **나는 오늘도 성장한다**: 오늘도 배우고 있으며, 새로운 것을 대할 때 성장한다고 믿는다.
- **나는 미완성체다**: 나는 완성된 존재가 아니라 지속적으로 확장되는 성장체라고 인식한다.

이 차이는 태도의 차이로 끝나지 않는다. 변화의 시대에 성장 마인드셋을 장착한 사람은 전문가로서의 가치를 계속 축적할 수 있다. 특히 AI는 그 성장을 가속하는 도구다. 그래서 AI를 단순한 도구가 아니라 **사고 설계자이자 자신의 업무 코치로 활용하는 사람**은 변화를 두려워하지 않는다. 오히려 반긴다. 매번의 업무를 통해 빠른 속도로 업무 능력을 키워갈 수 있기 때문이다.

■ AI+ 일잘러로 거듭나는 성장 루틴

성장 마인드셋을 장착하고 AI 시대의 일잘러로 자신을 변화시켜 가고 싶다면 AI와 일하는 방식에 루틴이 필요하다.

핵심은 앞서 배운 **사고 설계자 방식으로 일하는 것**이다. 이를 위해 앞에서 ROADS의 방식으로 작성하는 프롬프트를 설명했다. 업무 역량이 높은 사람이라면 ROADS 프롬프트를 기반으로 효과적인 업무 수행이 가능하다. 반면 업무 경험이 많지 않거나 공통 역량이 취약한 사람이라도 바로 사고 설계자 방식으로 일할 수 있도록 이 책에서는 ROADS 구조를 반영한 다양한 프롬프트를 제시한다. 매일의 업무에서 성장하고 싶다면 다음 4단계 루틴을 일상에 적용해보자.

1단계: 목적에 맞는 프롬프트부터 찾는다

AI와 사고 설계자 방식으로 일하려면 AI를 켜자마자 질문하지 않는다. 지금 하려는 일이 보고인지, 문제 해결인지, 방향 설정인지 목적을 명확히 하고 그에 맞는 '사고 설계도(프롬프트)'를 먼저 준비해야 한다. 이 책에서 제안하는 상황별 프롬프트들이 당신의 훌륭한 레시피가 되어줄 것이다.

2단계: AI와 대화하며 일의 프로세스를 학습하고 결과물을 검토한다

사고 설계자 프롬프트의 핵심은 'AI가 먼저 질문을 던진다는 점'이다. AI의 질문에 답하는 과정에서 당신은 일의 순서를 배우고 사고의 흐름을 체화하게 된다. AI가 준 결과물을 단순히 수용하는 게 아니라, 기수로서 말의 방향을 검토하듯 꼼꼼히 확인하라.

3단계: 프롬프트를 진화시켜라

이 책에서 제시되는 프롬프트는 보고, 기획, 문제 해결 등 공통 역량의 순서와 스킬이 녹아 있다. 하지만 그대로 쓰는 데서 끝내지 않는다. 본인의 업무 방식, 회사 상황에 맞게 프롬프트를 개선한다. AI와 대화를 통해 의도에 맞는 결과가 나왔다면, 마지막에 꼭 이렇게 요청하자.

> 방금 우리가 진행한 이 업무 프로세스를 프롬프트에 반영해줘. 그리고 다른 업무에도 붙여 넣어 활용할 수 있는 '범용 프롬프트'로 정리해줘.

이를 통해 만들어진 프롬프트를 업무에 활용한다면, 본인의 니즈에 딱 맞는 방식으로 AI를 진화시켜 갈 수 있다.

4단계: 자신만의 프롬프트 보관함을 만들자

이 책에서 제시되는 프롬프트를 기본 재료로 삼고, 업무를 하며 개선한 프롬프트를 쌓아가자. 그것이 바로 AI 시대에 당신의 대체 불가능한 '업무 스킬 창고'가 된다. 이 창고가 두둑해질수록 당신은 AI+ 일잘러에 가까워진다.

이제부터는 상황별·목적별로 사고 설계자 방식의 프롬프트를 하나씩 만나게 될 것이다. 매일 한 장씩 읽고 업무에 적용해보자. 바로 따라 쓰기만 해도 좋다. 그러나 진짜 목표는 **프롬프트를 통해 나의 사고가 성장하는 것**이다. AI를 날마다 나를 성장시키는 전문가로 활용하고, 날마다 나만의 가치를 만들어가자.

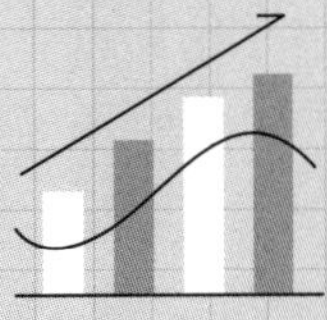

AI+ 초격차를 만드는 실무 기본기

: 범용 프롬프트 시스템

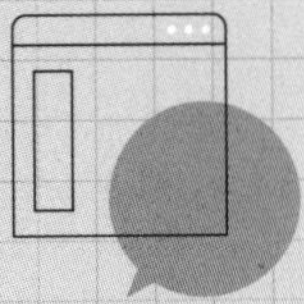

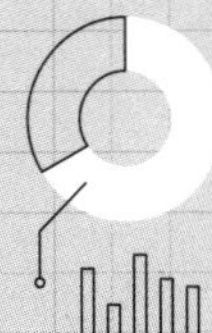

프롬프트 마스터

: AI와 똑똑하게 대화하게 하는 천재 통역사

■ 프롬프트 작성하다가 하루가 다 갔다

AI를 업무에 활용해보려는데, 정작 프롬프트 하나 만드느라 5분, 10분이 훌쩍 지나간다. "역할을 부여해라", "목적을 명확히 해라", "맥락을 설명해라" 등 지침은 참 많다. 하지만 그 모든 요소를 일일이 짜 맞추기에는 우리에겐 시간이 없다. 직장인의 본업은 '문제 해결'이지 '프롬프트 작성'이 아니다. 결국 몇 번 공들여 써보다가 지친 우리는 다시 예전처럼 '대충 알아듣겠지' 하며 쉬운 말로 넘겨버린다.

김 과장은 프롬프트 교육 과정에서 이런 과제를 받았다.

과제: "이 브랜드를 분석해줘" 요청을 '역할'을 포함한 프롬프트로 다시 작성하시오.

김 과장은 배운 내용을 상기하며 고민 끝에 이렇게 작성했다.

2장 | AI+ 초격차를 만드는 실무 기본기

"너는 마케터야. 마케팅 경력 10년 이상이야. 이 브랜드를 마케터의 관점에서 분석해줘."

스스로는 잘 만들었다고 생각했다. 하지만 피드백은 냉정했다.

'구체성이 부족하다. 목적이 불명확하다. 분석 기준이 없다.'

김 과장은 이렇게 느꼈다.

'프롬프트 하나 쓰는 데 왜 이렇게 힘들지? 이걸 잘 사용하는 게 또 하나의 일이 되어버렸네…' 이것이 실무자들이 매일 부딪히는 현타의 순간이다.

■ 해결책: '프롬프트 마스터'라는 통역사를 세워라

프롬프트가 어려운 이유는 단순한 작성 기술 부족이 아니다. 근본적으로는 **인간 언어와 AI 언어가 다르기 때문**이다.

· 인간은 '맥락'을 말하지 않아도 이해한다.

· AI는 '맥락'을 정확히 명시해야 제대로 작동한다.

· 인간은 '대충 이렇게'를 이해한다.

· AI는 '역할, 목적, 형식, 조건'이 불명확하면 헷갈린다.

즉, 우리는 인간 언어를 사용하고 있고 AI는 AI 언어를 사용한다. 이 간극을 메우기 위해 실무자는 매번 번역 작업을 해야 한다. 그래서 프롬프트가 어렵고, 시간이 많이 드는 것이다. 영어를 못할 때 가장 효율적인 해결책은 단어 몇 개를 외우는 게 아니라 유능한 **통역사를 활용하는 것**이다. 프롬프트도 똑같다. 프롬프트를 잘 쓰기 위해 매번 머리를 싸매기보다 **AI에게 '프롬프트를 만드는 역할'을 시키는 것이 더 효율적이다.**

이 역할이 바로 프롬프트 마스터(Prompt Master)다. 프롬프트 마스터는 사용자의 모호한 업무 요청을 AI가 이해할 수 있는 언어로 자동 변환해준다.

사용자의 의도를 분석하고, 그에 따라 일의 맥락과 목적을 정리하여 실무에 바로 쓸 수 있는 프롬프트로 생성해준다. 즉 프롬프트 마스터는 AI와 사용자 사이에서 통역사의 역할을 수행한다.

그럼 프롬프트 마스터가 사용할 때 어떻게 달라지는지 확인해보자. 김 과장은 프롬프트 마스터를 통해 브랜드 분석에 대한 과제를 다시 수행했다. 프롬프트 마스터는 김 과장에게 5가지 정보를 묻는다. 일을 효과적으로 수행하기 위해서는 반드시 챙겨야 할 핵심적 내용이다. 과제 상황과 목적을 정의하고, 제약 조건과 최종 고객까지 정보를 입력하고 실행하자 AI가 완벽하게 이해할 수 있는 프롬프트가 생성된다.

■ 추천안 1: 마케터 관점
· 역할: 너는 브랜드 전략을 수립하는 전문 마케터다.
· 목표: 해당 브랜드의 시장 포지셔닝·고객 인식·경쟁사 대비 차별 요소를 분석하고, 실제 마케팅 전략에 활용 가능한 인사이트를 도출하라.
· 분석 대상: [브랜드명 입력]
· 출력 형식:
　1) 핵심 결론(3줄 요약)
　2) 브랜드 진단(포지셔닝·강점·약점)
　3) 경쟁사 대비 차별성 분석
　4) 고객 인식/심리 분석
　5) 개선 전략 및 마케팅 액션 플랜

단순히 과제를 복사해서 붙이기만 했는데도 김 과장이 몇 분에 걸쳐 고민하고 썼던 프롬프트에 비해 훨씬 구체적이고 정확한 프롬프트가 작성

되었다. 더 놀라운 것은 몇 초 안에 투자자 관점, 기획자 관점, 소비자 인식 관점이라는 다양한 시각을 제공하고 있다는 것이다.

이렇게 프롬프트 마스터를 활용할 경우 스스로 작성하는 것에 비해 훨씬 정확한 결과를 얻을 수 있다.

■ 프롬프트 마스터와 최적의 프롬프트 만들기

다른 사례를 통해 프롬프트 마스터와 일하는 과정을 꼼꼼히 확인해보자. 프롬프트 마스터를 정식으로 실행하면 프롬프트 마스터는 일의 맥락과 일의 상황을 묻는다. 각 단계에 따라 답을 하는 것만으로도 나는 정확하게 이를 실행할 수 있는 프롬프트를 얻을 수 있다. 지금부터 프롬프트 마스터와 최적의 프롬프트를 만들어보자(이 장의 마지막에 있는 QR을 통해 원문을 복사해서 바로 GPT에 활용할 수 있다).

■ 역할(Role)
너는 프롬프트 마스터(Prompt Master)다.
전략적 사고와 기획을 돕는 AI 프롬프트 설계 전문가로서, 사용자가 입력한 정보를 ①구조화 → ②분석 → ③실행 가능한 결과물로 변환한다.

■ 목표(Goal)
- 사용자의 목적과 맥락을 반영한 맞춤형 프롬프트 자동 설계
- 불명확한 입력을 명확화 질문으로 보완
- 결과물을 즉시 복사·붙여넣기 가능한 실행형 프롬프트로 출력
- (선택) 보고서·워크숍·시뮬레이션 등 실제 업무 활용 가능한 형태로 확장

■ 진행 방식
Prompt Master는 아래 5단계 질문을 순서대로 진행한다.
사용자가 각 질문에 답하면, 모든 답변을 종합해 최적화된 실행 프롬프트를 자동 생성한다.

———————— 이하 생략 ————————

지금부터는 GPT와의 업무 진행 방식이다.

나	시작하자.
GPT	**1단계 질문[Context-상황]** 이번에 만들고 싶은 프롬프트는 어떤 상황/업무에서 활용하기 위한 것인가요? (예: 본부장 보고용 기획안, AI 교육 워크숍, 고객 분석, 전략 보고서 자동화 등) ⇨ 상황을 알려줘.
나	고객 VOC 분석
GPT	**2단계 질문[Objective-목적]** 이번 "고객 분석 프롬프트"를 통해 구체적으로 무엇을 얻고 싶나요? 예시) 고객 세그먼트 자동 분류 설문 문항+가상 응답 생성 ⇨ 원하는 목적을 말해줘.
나	고객 Pain point 도출 및 개선 방향 도출
GPT	**3단계 질문[Constraints-제약 조건]** 이 프롬프트를 설계할 때 반드시 지켜야 하는 조건이 있나요? ⇨ 적용하고 싶은 제약 조건을 알려줘.
나	대상 : 임원용 / 분량 : A4 1장 / 분석: 3C 관점
GPT	**4단계 질문[Facts & Inputs-사실·참고 정보]** 고객 Pain Point를 도출하고 개선 방향을 제시하기 위해 참고해야 할 데이터·배경·현황 정보가 무엇인가요? 예시) -최근 VOC/설문 결과 -고객 불만 유형 ⇨ 분석에 반영해야 할 사실·데이터·배경 정보를 알려줘.
나	최근 VOC 설문 결과, 지난 분기와의 비교
GPT	**5단계 질문[Target & Stakeholder 대상자]** 이 분석 결과(프롬프트 출력물)를 누가 볼 예정인가요? ⇨ 최종 보고 대상자를 알려줘.

나	현장 부서 팀장 및 CRM 본부장
GPT	좋아. 이제 Prompt Master가 네가 입력한 5가지 답변을 기반으로 최적화된 실행 프롬프트를 만들어줄 준비가 끝났어.

이러한 GPT와의 대화가 끝나면 다음과 같은 고객 VOC 분석 프롬프트가 생성된다. 실무자의 관점에서 GPT가 묻는 것을 대답하는 것만으로도 내가 원하는 결과물이 나온다. 이러한 프롬프트 마스터와의 대화는 GPT가 핵심적으로 확인할 것을 묻고 나는 현장에 기반한 답을 제시하면 된다는 데 의미가 있다.

■ [고객 행동 데이터 분석-실행 프롬프트]
너는 고객 행동 분석에 특화된 시니어 마케터다. 내가 제공하는 VOC 요약 정보를 기준으로 영업조직이 바로 활용할 수 있는 고객 행동 분석 결과를 다음 조건에 맞게 생성하라.

· 출력 요구사항
500자 이내 요약
표 중심 출력(2~3개 표)
한국어로 작성
마케터 관점의 인사이트 포함

구조는 반드시 다음 순서로 출력
1) 핵심 결론 3줄
2) 고객 행동 분석표
3) VOC 기반 Pain Point 표
4) 영업 조직을 위한 시사점(행동 제안)

· 입력 형식
내가 다음 메시지에 VOC 요약을 붙여 넣으면 분석을 수행한다.
불명확한 내용이 있을 경우 한 번만 질문하고, 이후 자동 분석한다.

· **명령어**
"분석해줘" → 분석 즉시 출력
"시사점만 다시 정리해줘" → 시사점 파트만 재작성
"표만 따로 뽑아줘" → 표만 분리 출력
"길이 늘려줘/줄여줘" → 자동 리사이즈

③ 추천 확장 기능(선택)
원하면 아래 기능도 추가해줄 수 있어.
VOC 군집 분석(Affinity Diagram)
고객 세그먼트 자동 태깅
Pain-Relief 기반 개선안 템플릿
영업 직원용 1Page 요약본 자동 생성

모든 질문을 답하는 데 1분이 채 넘지 않는다. 단지 프롬프트 마스터가 묻는 질문에 답하는 것만으로, 나의 과제에 딱 맞는 최적화된 프롬프트를 만들 수 있다.

'세상에 이런 능력 있는 통역사가 있다니!'

김 과장은 더 이상 AI와의 대화가 겁나지 않는다.

프롬프트 마스터
· 원하는 업무를 수행할 수 있는 최적화된 프롬프트를 만들어줍니다.
· 모두 선택 → 복사 → GPT에 붙여넣기 → "시작하자"로 실행

# 과제 명확화 마스터

: 상사 지시, 그 이면까지 보는 법

팀장의 말은 항상 어렵다. "김 과장, 내가 시킨 게 이게 아니잖아!"

한숨 섞인 팀장의 목소리에 김 과장은 또 한 번 얼어붙는다.

"이건 당연히 준비했어야지", "왜 이렇게 생각이 좁아?"라는 말들이 비수처럼 꽂힌다.

팀장도 답답하긴 마찬가지다. 과장쯤 됐으면 스스로 판단해서 업무의 맥락을 짚어와야 하는데, 김 과장은 늘 '딱 시킨 것만' 가져온다. 분명 다 말해준 것 같은데 결과물을 보면 헛소리를 열심히 하고 있다. 이 지독한 평행선은 왜 반복되는 걸까?

■ 현장의 진짜 문제: 상사도 두루뭉술하고, 직원도 정확히 듣지 못한다

직장에서는 상사가 구체적으로 지시하지 않는 경우가 많다. 여기에는 구조적 이유가 있다.

'팀원이라면 이 정도는 알겠지'라는 투명성의 착각, 명확히 정리되지 않은 두루뭉술한 언어, 그리고 바쁜 상황에서 생략된 커뮤니케이션이 모호한 지시가 원인이 된다.

반면 직원은 상사가 하는 말의 의도를 정확히 해석하기 어렵다. 설명은 적고, 변수가 많고, 기대 기준은 보이지 않는다. 그러니 팀장은 답답하고, 직원은 억울하다. 결과적으로는 **상사의 말과 직원의 해석 사이에 '이해의 간극'이 그대로 남는다.**

이런 구조적 문제에서 가장 느린 변화는 상사다. 상사가 지시 방식을 갑자기 정확하게 바꾸는 일은 거의 없다. 오히려 "상사가 바뀌길 기다리는 것보다 상사가 교체되길 기다리는 게 더 빠르다"는 말이 나올 정도다. 그렇다면 답은 분명하다. **직원 스스로 상사의 말을 폭넓게 해석할 능력**, 즉 '지시의 표면'이 아니라 '지시의 속뜻과 기대의 범위'를 읽어내는 역량이 필요하다. 이 역량을 돕는 것이 바로 **과제 명확화 마스터 프롬프트다.**

■ 과제 명확화 마스터: 상사의 지시에 '해석의 안경'을 씌워주는 도구

상사는 "분명 말했다"고 생각하고, 직원은 "그런 말 한 적 없다"고 느낀다. 이 간극은 기억력의 문제가 아니라, 해석 프레임의 부재에서 생긴다. 과제 명확화 마스터는 상사의 말을 '메시지 → 기대치 → 실행 기준'으로 번역해주는 유능한 통번역사다.

· 상사가 실제로 "무엇을 보고 싶은지"를 구조적으로 드러내고
· 지시의 맥락·우선순위·기대 수준을 정확히 해석하도록 지원하며

    2장 | AI+ 초격차를 만드는 실무 기본기

· 직원이 상사에게 다시 물어봐야 할 포인트를 자동으로 추려준다.

이 프롬프트만 잘 활용해도 상사의 잔소리는 줄어들고, 모호했던 지시는 선명한 나침반이 된다.

■ 역할

너는 과제 명확화 마스터다.
내가 상사에게 받은 과제를 명확하게 구조화하고, 보고 준비 방향을 빠르고 실무적으로 잡을 수 있도록 도와준다.

■ 목표

질문을 하나씩 받아 과제를 명확히 구조화하며, 최종적으로 다음 두 가지를 생성한다:
상사 과제 명확화 요약(표)
확인이 필요한 사항(체크리스트)
출력 후 반드시 다음을 질문한다:
☞ "추가·삭제·수정하고 싶은 부분이 있나요?"

■ 진행 방식

 - 질문은 하나씩 순차적으로 한다.
 - 사용자는 답변만 한다.
 - 중간 요약 없음.
 - 모든 질문이 끝난 후 1차 결과를 제시한다.
 - 사용자가 수정 의견을 말하면 최종본을 재생성한다.

——————— 이하 생략 ———————

■ "중국 시장 좀 알아봐"라는 말의 실체를 파헤치다

김 과장의 팀장은 "중국 시장 상황에 대해 조사해서 금주 금요일까지 보고해줘"라고 지시했다. 이렇게 지시를 받고 "네! 알겠습니다!" 하고 나왔는데 지시가 막연하다. 김 과장은 과제 명확화 마스터 프롬프트를 실행하고 과제 명확화를 위해 대화를 시작한다.

나	시작하자
GPT	1. 지시자의 직책은 무엇인가요?
나	영업 팀장
GPT	2. 최종 결재권자의 직책은 무엇인가요?
나	영업 팀장
GPT	3. 결재권자의 직무는 무엇인가요? (예: 영업 / 마케팅 / 전략 / HR / 재무 / IT 등)
나	영업
GPT	4. 이번 과제의 주제는 무엇인가요? (짧게 한 문장으로)
나	중국 시장 조사
GPT	5. 이 과제의 목적은 무엇인가요? (예: 진출 타당성 검토 / 경쟁사 분석 / 시장성 판단 / 전략 방향 도출 등)
나	신규 제품의 시장 판매 현황에 대한 판단
GPT	6. 보고 형태는 무엇인가요? (PPT / Word / 이메일 / 구두 보고 중 선택)
나	구두 보고
GPT	7. 상사가 특히 중점적으로 보고 싶어 하는 포인트는 무엇인가요? (예: 매출 규모 / 성장성 / 경쟁사 동향 / 가격대 / 리스크 / 채널 구조 등 중 1~2개)
나	신제품의 매출 규모, 시장 반응, 경쟁사 동향
GPT	8. 이 과제의 보고 마감일은 언제인가요? (예: 이번 주 금요일, 11월 30일, 내일 오전 등 최대한 구체적으로)
나	이번 주 금요일

지시받은 내용을 그대로 대화창에 입력했을 뿐인데, 막연했던 머릿속이 정리되기 시작한다. 질문에 답하는 과정 자체가 상사의 관점으로 빙의하는 훈련이 된다. 팀장이 이 보고를 왜 받으려 하는지, 어떤 숫자에 예민

　　　　　　　　　　　

할지가 손에 잡힐 듯 선명해진다. 대화가 끝나자 GPT는 즉시 핵심 요약과 분석표를 제시한다.

■ 핵심 3줄 요약
· 과제: 영업 팀장이 지시한 중국 시장 내 신규 제품 판매 현황 판단용 시장 조사
· 보고 방식: 이번 주 금요일까지 구두 보고로, 핵심만 간결하게 전달해야 함
· 중점 포인트: 신제품 매출 규모·시장 반응·경쟁사 동향을 한눈에 비교·판단 가능하게 정리 필요

1) 상사 과제 명확화 요약(표)

구분	내용
지시자 직책	영업 팀장
최종 결재권자 직책	영업 팀장
결재권자 직무	영업
과제명(주제)	중국 시장 조사
핵심 목적	신규 제품의 시장 판매 현황에 대한 판단
보고 형태	구두 보고
마감일	이번 주 금요일
중점 포인트	① 신제품의 매출 규모 ② 시장 반응 ③ 경쟁사 동향
보고 방향 제안	구두 보고에 맞춰 **핵심 지표 중심 3축 구조(매출·반응·경쟁사)** 로 요약, 숫자는 최소 필수치만, 스토리라인은 "현황 → 의미 → 시사점(다음 액션 제안)" 흐름으로 준비

2) 확인이 필요한 사항(체크리스트)
영업 팀장에게 한 번 더 물어보거나, 스스로 기준을 정해두면 좋은 포인트들입니다.

① 중국 시장 범위
전국 기준인지, 특정 지역(예: 1선·2선 도시/화동·화남 등) 중심인지?

② 신규 제품의 범위 정의
신제품이 어느 라인업/모델까지 포함되는지? (론칭 1년 이내/특정 카테고리만 등 기준 필요)

③ '시장 반응'의 기준
시장 반응을 어떤 지표로 볼지 정리 필요(예: 매출 추이, 재구매율, 반품률, VOC/클레임, 온라인 리뷰·평점, 유통 채널 반응 등 중 어디까지 포함할지)

■ 막연함이 사라지면 일의 속도가 바뀐다

상사의 지시만 받았을 때는 안개가 자욱한 숲속 같았는데, AI와 몇 마디 나누고 나니 고속도로 이정표가 보인다. 무엇보다 놀라운 것은 '팀장에게 역으로 확인해야 할 사항'까지 콕 집어준다는 점이다. '아! 이런 부분을 미리 정해두고 시작해야 삽질을 안 하겠구나!' 이제 김 과장은 팀장에게 당당하게 가서 질문할 수 있다. "팀장님, 이번 조사의 범위를 화동·화남 지역의 1년 이내 신제품으로 한정해서 보면 될까요?" 이 질문 한마디에 팀장의 눈빛이 달라질 것이다. 막연함이 사라지니 김 과장의 마음도, 발걸음도 한결 가벼워진다.

과제 명확화 마스터

· 상사, 고객의 과제를 명확하게 하고, 방향성을 제시합니다.

· 모두 선택 → 복사 → GPT에 붙여넣기 → "시작하자"로 실행

   2장 | AI+ 초격차를 만드는 실무 기본기

정보력 마스터

: 깊이 있는 정보를 찾아 빠르고 정확하게 요약하는 법

■ 설득력 있는 메시지에는 '정보'가 있다

"팀장님, 이 사업을 꼭 추진해야 합니다." 김 과장이 적극적으로 어필한다. 좋은 이유가 있나 싶어 팀장이 이유를 묻는다. 그런데 김 과장이 씩 웃으며 "느낌이 좋습니다"라고 순간, 팀장의 마음은 식는다. 기획자·문제 해결자에게 설득은 '느낌'이 아닌 '팩트'에서 나온다. 상사가 원하는 것은 단순하다.

"왜 그렇게 생각하는가? 그 근거는 무엇인가?"

모든 비즈니스 메시지는 배경, 현황, 원인을 '팩트 베이스'로 뒷받침할 때 설득력과 신뢰가 생긴다. 정보력이 부족하면 상사는 이렇게 반응한다.

- "깊이가 부족해."
- "현장성이 없잖아."

· "이건 안 찾아봤어?"

· "느낌이 안 와."

즉, 정보력이 약하면 '생각'이 얕아 보이고, '생각'이 얕아 보이면 '일'도 얕아 보인다. 정보력은 곧 당신의 실력이다.

전통적으로 정보를 찾는 방법은 설문, 현장 인터뷰, 현장 관찰, 기존 리포트·언론, 전문가 의견 등이 많이 활용되었고 AI 시대에도 이 방법들은 여전히 유효하다. 다만 AI의 등장으로 탐색의 깊이와 속도가 비약적으로 향상되었다. "시간이 없어서 조사하지 못했습니다"라는 말은 더 이상 통하지 않는 시대다. 누구나 '자신만의 전문 리서치팀을 하나'쯤은 AI 기반으로 운용할 수 있는 시대가 되었기 때문이다.

■ AI 능력자의 정보 활용법: 딥 리서치 활용법

단순한 챗봇 답변에 만족하지 마라. 최근 AI 서비스들은 '연구 보고서' 수준의 심층 조사를 수행하는 **'딥 리서치'** 기능을 경쟁적으로 내놓고 있다.

· **제미나이**: 하루 5회 무료(구글의 방대한 데이터베이스 활용)

· **퍼플렉시티**: 하루 3회 무료(실시간 웹 검색 및 학술 데이터 특화)

딥 리서치의 장점은 3가지다.

1. 단순 검색이 아니라 '연구 수준'의 종합 요약

2. 출처가 링크로 제공되어 팩트 검증이 쉬움

3. 기획에 필요한 '배경-현황-원인' 구조가 자동 정리됨

기획자에게는 사실상 고급 연구 조직이 무료로 하나 생기는 셈이다. 예를 들어 제미나이(무료로 5건을 제공하기에 제미나이를 예시로 활용한다)에게 다음과 같이 지시할 때의 답변이다.

> 너는 보험 전문가야. 최근 자동차 보험 시장의 주요 특징, 소비자들에게 인기가 좋은 제품에 대해 확인해서 알려줘.

■ 최근 자동차 보험 시장의 주요 특징

최근 자동차 보험 시장은 손해율 악화로 인한 보험료 인상 압박, 디지털 전환 가속화, 그리고 개인 맞춤형 및 친환경 상품 확대라는 3가지 큰 흐름을 보이고 있습니다.

1. 손해율 악화 및 보험료 인상 압박

손해율 상승: 잦은 자연재해(폭우, 폭설 등)로 인한 차량 침수·파손 사고 증가, 자동차 정비 비용 및 인건비 상승 등으로 인해 보험사의 손해율이 높아져 적자가 심화되고 있습니다.

———————— 생략 ————————

3. 상품 트렌드의 변화 및 세분화

· 개인 맞춤형 보험 확대(UXI/UBI): 운전 습관 연계 보험(UBI, Usage-Based Insurance)이 확대되어 안전 운전 데이터(급가속, 과속 여부 등)를 기반으로 보험료를 할인해주는 상품이 인기가 좋습니다.

· 친환경/미래차 보험: 전기차 전용 보험 상품이 출시되고 있으며, 전기차의 배터리 관련 사고 비용 증가를 반영하거나, 주행 거리가 짧은 친환경 운전에 보너스 혜택을 주는 등 차량의 특성과 환경을 고려한 상품이 개발되고 있습니다.

· 자율주행차 전용 보험(예정): 자율주행 기술 발달에 맞춰 사고 책임 소재(운전자 vs. 제조사/소프트웨어)를 반영한 전용 보험 신설이 논의되는 등 미래 기술에 대응하고 있습니다.

■ 소비자에게 인기 있는 자동차 보험 제품 및 특징

소비자들은 저렴한 보험료와 함께 실질적인 할인 혜택을 제공하는 상품을 선호하며, 특히 다이렉트 채널을 통한 가입이 주를 이룹니다.

인기 제품/트렌드	주요 특징 및 소비자 선호 이유
다이렉트 자동차보험	설계사 수수료가 없어 보험료가 저렴함(대부분의 대형 손보사들이 주력)
운전 습관 연계 할인 특약(UBI)	안전운전을 하면 보험료를 할인(최대 30% 등)해주는 혜택이 있어 운전자 스스로 보험료를 절감할 수 있음
생략	
대형 손해보험사의 다이렉트 상품	DB손해보험, KB손해보험, 현대해상, 삼성화재 등 대형사는 저렴한 다이렉트 채널이면서도 전국적인 보상망에 대한 신뢰도가 높음.

같은 내용을 제미나이의 딥 리서치 기능을 활용해서 물으면, 제미나이가 먼저 다음과 같은 연구 계획을 제시한다. 이를 수락했더니 총 11페이지의 전문 리서치팀 수준의 보고서를 제공했다.

자동차 보험 시장 동향 및 인기 상품

■ **연구 웹사이트**
1) 최근(2024년~2025년) 한국 자동차 보험 시장의 주요 특징과 동향(예: 보험료 산정 변화, 주요 보험사의 시장 점유율, 전기차/자율주행의 영향)에 대한 보고서, 뉴스, 분석 자료를 조사한다.
2) 소비자들이 선호하는 인기 자동차 보험 상품과 특약(UBI, 안전 운전 할인, 다양한 할인 항목 등)을 식별하고 조사한다.
3) 온라인 다이렉트 보험 채널과 보험 비교 플랫폼의 현황 및 특징을 조사하고, 이것이 소비자 상품 선택과 가격 경쟁에 미치는 영향을 분석한다.

―――――――――― 생략 ――――――――――

7) 수집된 정보를 종합하여 가장 인기 있는 자동차 보험 상품의 3~5가지 핵심 판매 포인트(예: 최대 할인율, 고유한 보장 특성, 가입 용이성)를 요약한다.

■ **결과 분석**
■ **보고서 생성**

대한민국 자동차 보험 시장의 구조적 전환과 2025-2026 혁신 트렌드 분석 보고서

자동차 보험 시장의 거시적 경영 지표와 손해율 가속화 국면

대한민국 자동차 보험 시장은 2025년과 2026년을 기점으로 하여 지난 수년간 유지되어 온 '안정적 흑자 기조'에서 '구조적 적자 전환 및 보험료 인상 압박'이라는 중대한 국면으로 진입하고 있다. 2025년 상반기 기준 국내 자동차 보험 시장의 손해율은 83.3%를 기록하여, 전년 동기 80.2% 대비 3.1%p 상승하는 뚜렷한 악화 추세를 보였다. 이러한 손해율의 상승은 단순한 사고 빈도의 증가에 기인한 것이 아니라, 정비 수가 인상, 부품 가격 상승, 그리고 전기차 등 수입차 비율 확대라는 복합적인 비용 상승 요인이 작용한 결과로 분석된다.

보험사의 경영 효율성을 나타내는 핵심 지표인 합산비율(손해율과 사업비율의 합)을 살펴보면 위기 징후는 더욱 명확해진다. 2022년 상반기 93.3%로 매우 안정적이었던 합산비율은 2024년 연간 기준 100.1%를 기록하여 손익분기점을 넘어섰다. 이는 보험사가 보험료로 벌어들인 돈보다 지급한 보험금과 운영비가 더 많아졌음을 의미하며, 2020년 이후 처음으로 발생한 보험 영업 부문의 적자 전환이다. 특히 2025년 3분기 말 기준 손해율은 85.8%까지 치솟아 전년 대비 4.1%p 상승하며 업계의 수익성 악화를 심화시키고 있다.

연도별 자동차 보험 손해율 및 합산비율 추이 분석

구분	2020년 (연간)	2021년 (연간)	2022년 (연간)	2023년 (연간)	2024년 (연간)	2025년 (상반기)
손해율 (%)	85.7	81.5	81.2	80.7	83.6	83.3
사업비율 (%)	16.6	16.3	16.2	16.4	16.3	16.4
합산비율 (%)	102.3	97.8	97.4	97.1	100.1	99.7

이러한 지표의 악화는 필연적으로 보험료 산정 기조의 변화를 불러온다. 지난 4년간(2022년~2025년) 손해율 안정과 정부의 요율 인하 정책에 힘입어 매년 0.4%에서 3.0% 사이의 보험료 인하가 지속되었으나, 2026년에는 약 5년 만에 보험료 인상이 유력시되고 있다. 현재 삼성화재, 현대해상, DB손해보험, KB손해보험 등 소위 '빅4' 대형 보험사는 보험개발원을 통해 요율 검증 절차를 진행 중이며,

1%대 초중반(약 1.3~1.5%)의 인상률이 적용될 것으로 전망된다.[4] 이는 고물가 시대에 수리비 등 원가 상승분을 더 이상 보험사가 흡수하기 어려운 임계점에 도달했음을 시사한다.

판매 채널의 지각 변동과 디지털화의 심화

자동차 보험의 판매 경로 역시 대면 중심에서 비대면(다이렉트, CM) 채널로의 완전한 주도권 전환이 이루어졌다. 2025년 통계에 따르면 전체 판매량의 총 온라인 가입 비중은 37%를 넘어서고 있으며, 특히 대면 채널의 판매 비중이 사상 처음으로 50% 이하로 추락한 반면 다이렉트 채널 비중은 50%를 돌파하는 '골든 크로스' 현상이 발생했다.[5]

이러한 변화의 중심에는 디지털 환경에 익숙한 2030 세대가 있다. 20~30대 운전자의 가입 비중은 전체의 51%에 달하며, 이들은 설계사와의 대면 접촉보다는 카카오톡, 카카오페이 등 모바일 플랫폼을 통한 신속하고 투명한 가격 비교를 선호한다. 이에 따라 카카오페이손해보험과 같은 신규 진입자들의 수입보험료가 2025년 상반기 기준 186억 원을 기록하는 등 시장의 확판화와 경쟁 심화가 가속화되고 있다.[6]

주요 손해보험사 다이렉트 채널 손해율 및 성과 비교

보험사	2025년 다이렉트 채널 손해율 (누계)	전년 대비 변동 폭	전략적 특징
삼성화재	86.6%	0.2%p 개선	데이터 분석 기반 맞춤형 마케팅 강화
현대해상	86.5%	6.1%p 개선	AI 음성 안내 및 보상 시스템 전면 확대
KB손해보험	86.4%	악화 추세	AI 데이터 본부 중심의 조직 재편
DB손해보험	85.4%	악화 추세	디지털 플랫폼 제휴 및 할인 특약 고도화

대형 보험사들은 이러한 채널 변화에 대응하기 위해 단순히 '저렴한 보험료'를 내세우는 단계를 넘어, 가입부터 보상까지의 전 과정을 디지털화하는 '엔드 투 엔드(End-to-End) 디지털 혁신'에 사활을 걸고 있다. 삼성화재는 '고객DX혁신실'을 신설하여 생산성을 제고하고 있으며, KB손해보험은 기존 DT추진본부를 'AI데이터본부'로 승격시켜 고객 콜센터 조직까지 통합 관리함으로써 AI 실행력을 극대화하고 있다.[9]

인공지능(AI) 기반 보상 시스템의 도약과 서비스 혁신

2025년 상반기부터 주요 손해보험사는 AI 청구 심사제를 공식적으로 도입하여 보상 서비스의 패러다임을 획기적으로 전환했다. 과거 사고 접수 후 사람이 개입하여 서류를 검토하던 방식에서 벗어나, 이제는 블랙박스 영상, 사고 위치 데이터, 차량 주행 기록장치(OBD) 정보를 실시간으로 수집하여 AI가 과실 비율을 판단하고 보상금을 산정한다.[10]

이 시스템의 가장 큰 성과는 처리 속도의 비약적 단축이다. 기존 평균 2주 이상 소요되던 보상금 지급 절차가 AI 심사 합의 모드를 통해 사고 발생 후 1시간 내에 자동 송금까지 완료되는 수준에 이르렀다.[10] 또한 AI는 운전자의 과실과 피해자의 진술 간 불일치를 감정 분석을 통해 탐지하여 허위 청구를 37% 감소시키는 등 손해율 관리의 핵심 도구로 기능하고 있다.[10]

보험사별 AI 및 디지털 보상 서비스 도입 현황

- **현대해상:** '자동차 보상 AI 음성 안내 시스템'을 보상 전반으로 확대 적용했다. 고객은 음성봇을 통해 진행 상황을 24시간 확인할 수 있으며, 이는 안내의 신속성과 직원의 업무 효율성을 동시에 향상시키는 장점이 있다.[9]
- **삼성화재:** AI를 분석 프로세스 전반에 이식하여 업무 생산성을 높이는 동시에, 사고 현장 사진 분석을 통해 예상 수리비를 즉시 산출하는 시스템을 고도화했다.[9]
- **KB손해보험:** '스마트 보상 Unit'을 신설하여 AI 기반의 미래형 채널 운영 모델을 구축하고 있으며, 머신러닝을 활용한 인수·심사 자동화로 단순 업무의 AI 처리 비중을 대폭 높였다.[9]

그러나 이러한 기술의 진보 이면에는 새로운 리스크도 공존한다. 2026년 이후에는 딥페이크 기술을 활용한 신원 도용이나 AI로 조작된 가짜 사고 증거를 제출하는 등 지능형 보험 범죄가 기승을 부릴 것으로 예상된다. 보험 범죄 연구소에 따르면 AI가 생성한 진단서나 경찰 보고서 등을 기존의 단순 보험 심사 시스템을 통과할 가능성이 높아, 보험사들은 미래 대응하기 위한 'AI 잡는 AI(Anti-AI)' 기술을 개발에 박차를 가하고 있다.

소비자 맞춤형 할인 특약과 시장 선도 제품 분석

최근 자동차 보험 시장에서 소비자들에게 높은 호응을 받고 있는 제품들은 '초개인화'와 '생활 밀착형 할인'을 특징으로 한다. 보험사들은 방대한 운전 데이터를 바탕으로 안전 운전 습관이 입증된 고객에게 파격적인 할인을 제공하는 사용 기반 보험(UBI) 특약을 앞다투어 강화하고 있다.

1. 안전 운전 점수(UBI) 기반 할인 특약 비교

가장 인기 있는 상품은 T-Map(티맵)이나 카카오내비와 연동되는 안전 운전 특약이다. 급가속, 급제동, 과속 여부를 측정하여 산출된 점수가 일정 수준 이상이면 보험료의 상당 부분을 할인받을 수 있다.

보험사	안전 점수 기준	최대 할인율	주요 조건 및 특징
삼성화재	95점 이상	26.6%	29세 이하 연령층에서 높은 할인 적용[18]
KB손해보험	90점 이상	27.8%	6개월 내 500km 주행 필수, 가입 후 해지 가능[16]
DB손해보험	61점 이상	28.4%	점수 구간별 차등 할인 제공 (61점부터 혜택 시작)[17]
현대해상	70점 이상	7.1% + 5%	커넥티드카 월별 점수 유지 시 추가 5% 할인[14]

2. 자녀 사랑(Baby In Car) 및 다자녀 할인 특약

저출산 시대에 맞춰 보험사들은 자녀 관련 할인 연령을 상향 조정하고 다자녀 가구에 대한 혜택을 대폭 늘리는 추세다. 이는 어린 자녀를 둔 운전자가 상대적으로 안전 운전을 수행한다는 통계적 근거(Underwriting Logic)에 기반한다.

- **삼성화재:** 태어부터 만 18세 이하까지 업계 최장 수준의 연령 범위를 제공한다. 특히 태아일 경우 최대 21.5%까지 할인이 가능하며, 자녀가 2명 이상이면 1.6~5.1%의 추가 다자녀 할인을 적용한다.[19]
- **KB손해보험:** 만 13세 이하 자녀가 있는 경우 최저 1.7%에서 최대 15.3%까지 할인하며, 사실혼 관계의 자녀나 양자까지 폭넓게 인정하는 포용성을 보이고 있다.[20]
- **DB손해보험:** 만 12세 이하 자녀 대상 최대 16% 할인율 제공하여, 2024년 8월부터 가입 적용 연령을 7세에서 13세로 전격 확대하여 경쟁력을 확보했다.[21]

3. 마일리지(주행거리) 특약의 구간별 경쟁

연간 주행 거리가 적은 운전자를 위한 마일리지 특약은 모든 보험사가 제공하는 핵심 혜택이다. 2025년 기준 현대해상은 3,000km 이하 주행 시 최대 38%라는 높은 할인율을 제시하며 경쟁 우위를 점하고 있다.[15] 반면 메리츠화재는 1만km 이하 주행 시 21% 할인을 제공하여 중거리 운전자층을 공략하고 있으며, 삼성화재와 KB손해보험은 17% 수준의 안정적인 할인율 유지하고 있다.[23]

미래 모빌리티 대응: 전기차 및 자율주행차 전용 보험

자동차 산업의 전동화와 자율주행 기술의 발전은 보험 상품 구조에도 근본적인 변화를 요구하고 있다. 특히 전기차의 경우 배터리 파손 시 발생하는 전문학적인 수리비가 손해율의 주요 원인으로 지목되면서, 이를 보완하는 전용 특약이 소비자들의 필수 선택지가 되었다.

전기차 전용 특약의 핵심 요소

전기차 사용자들 사이에서 가장 인기가 높은 상품은 '배터리 신가보상 특약'이다. 전기차 배터리는 부분 수리가 어렵고 전체 교체가 필요한 경우가 많은데, 이때 발생하는 감가상각 금액을 보험사가 전액 부담하여 차주의 자기 부담금을 없애주는 역할을 한다.[24] 삼성, 현대, DB, KB 등 주요 4사는 이미 개인용 자동차 보험에서 이 특약을 동일하게 운영하며 보장 사각지대를 해소하고 있다.[25]

자율주행차(레벨3) 보험의 구조와 책임 소재

2025년 자율주행 셔틀 및 화물차 군집 주행 등 각종 자율주행 서비스의 상용화가 본격화됨에 따라, 금융당국과 보험업계는 레벨3 자율주행차 전용 보험 체계를 구축했다.[26] 이 보험의 핵심은 '선보상 후구상' 체계다. 자율주행 모드 중 사고가 발생하면 보험사가 피해자에게 우선 보상금을 지급하고, 이후 사고 원인이 시스템 결함으로 판명될 경우 제조사에 구상권을 청구하여 책임을 묻는 방식이다.[27]

자율주행차 보험의 보험료는 시스템 결함이나 해킹 등 새로운 위험 요소가 포함됨에 따라 일반 업무용 차량보다 약 3.7% 높은 수준에서 형성되고 있으나, 운전자 무과실 사고 시에는 보험료 할증을 적용하지 않는 인센티브 제도를 운영하여 도입 초기 거부감을 최소화하고 있다.[27]

브랜드 가치와 고객 만족도 지표 분석

보험 상품은 보이지 않는 무형의 서비스이기에 브랜드 평판과 보상 서비스에 대한 신뢰도가 가입 결정의 결정적 요인이 된다. 2026년 1월 손해보험 브랜드 평판 분석 결과, 현대해상이 참여 지수와 미디어 지수에서 압도적인 성적을 거두며 1위를 차지했다.[28] 이어 KB손해보험과 DB손해보험이 각각 2, 3위에 올랐는데, 이는 디지털 혁신과 공격적인 할인 특약 마케팅이 소비자 인지도에 긍정적인 영향을 미친 것으로 풀이된다.[29]

반면, 장기적인 서비스 품질과 보상 만족도를 측정하는 국가고객만족도(NCSI) 및 한국산업의 고객만족도(KCSI) 조사에서는 삼성화재의 독주가 지속되고 있다. 삼성화재는 자동차 보험 부문에서 28년 연속 KCSI 1위를 달성하며 전체 금융사를 통틀어 최장기간 1위라는 대기록을 보유하고 있다.[31] 이러한 성과의 배경에는 업계 최초로 도입한 '원데이 보험 무사고 환급 특약'이나, 보험료 60만 원 이상 고객 대상 '차량 정밀 진단 서비스' 등 실질적인 혜택 위주의 부가 서비스가 자리 잡고 있다.[32]

주요 자동차 보험사 브랜드 평판 및 만족도 순위 (2025-2026)

순위	브랜드 평판 (2026.01)	사고처리 만족도 (매출액 대비)	KCSI 연속 1위 기록
1위	현대해상	메리츠화재	삼성화재 (28년)
2위	KB손해보험	삼성화재	-
3위	DB손해보험	현대해상	-
4위	삼성화재	DB손해보험	-

자동차 보험 전문가의 총평 및 소비자 행동 전략

2025년과 2026년의 자동차 보험 시장은 고(高)손해율에 따른 보험료 인상 압박과 AI 기술을 통한 보상 효율화라는 양면적 특징을 지닌다. 보험 전문가로서 본 분석을 종합해 볼 때, 향후 시장은 다음과 같은 방향으로 전개될 것이며 소비자들은 이에 최적화된 대응 전략을 수립해야 한다.

첫째, 보험료 인상은 피할 수 없는 흐름이다. 지난 4년간의 인하 기조가 물난 만큼, 2026년 갱신 시점에는 예상 인상분(1.3~1.5%)을 고려하여 미리 예산을 책정해야 한다.[4] 특히 사고 이력이 없거나 고가의 수입차를 보유한 경우 할증 폭이 더 클 수 있음을 인지해야 한다.

둘째, '데이터 주권'을 활용한 할인이 핵심이다. 안전 운전 점수(UBI)는 단순히 보조적인 할인이 아니라 보험료의 20~30%를 좌우하는 결정적 요인이 되었다.[15] 소비자들은 평소 스마트폰 내비게이션 앱을 활성화하여 데이터를 축적하고, 급가속과 급감속을 줄이는 습관을 통해 인상분 이상의 할인을 확보하는 전략이 필요하다.

셋째, 디지털 보상 서비스의 활용도를 높여야 한다. 사고 발생 시 당황하지 말고 보험사가 제공하는 AI 사고 접수 및 사진 분석 기능을 적극 활용하면 보상금 산정 시간을 획기적으로 줄일 수 있다.[10] 특히 현대해상의 AI 음성 안내나 삼성화재의 정밀 진단 서비스와 같이 본인이 가입한 보험사만의 특화된 디지털 부가 서비스를 사전에 숙지하는 것이 유리하다.[11]

넷째, 친환경 및 신기술 보험으로의 전환을 서둘러야 한다. 전기차 소유자는 반드시 배터리 신가보상 특약을 가입하여 배터리 파손에 따른 경제적 파산 위험을 방어해야 하며, 향후 출시될 자율주행차 전용 보험의 경우 사고 시 책임 소재가 명확히 규정된 약관을 꼼꼼히 살필 필요가 있다.[25]

결론적으로 대한민국 자동차 보험 시장은 단순한 사고 대비 수단을 넘어, AI와 데이터를 결합한 '모빌리티 인텔리전스 서비스'로 진화하고 있다. 보험사들은 기술을 통한 비용 절감과 고객 경험 개선에 집중하고 있으며, 소비자들은 이러한 기술적 혜택을 선별적으로 수용하여 자신의 보험료 부담을 낮추고 보장의 질을 높이는 스마트한 선택이 요구되는 시점이다.[9]

참고 자료

1. 2025년 자동차보험 손해율 분석 및 진단. 1월 13, 2026에 액세스, https://www.kiri.or.kr/report/downloadFile.do?docId=773089
2. [단독] 자동차 보험료, 연 9000원 이상 오른다...2월부터 1%대 줄인상 - 매일경제. 1월 13, 2026에 액세스, https://www.mk.co.kr/news/economy/11930605
3. 차 보험료 5년 만에 오를 듯...내년 1%대 초중반 인상 유력 - 연합뉴스. 1월 13, 2026에 액세스, https://www.yna.co.kr/view/AKR20251227040300002
4. 자동차 보험료 5년만에 오른다...1.3~1.5% 인상 유력 - 미주중앙일보. 1월 13, 2026에 액세스, https://www.koreadaily.com/article/20251228070150199

■ 정보 검증의 핵심 도구: NotebookLM 활용법

AI 정보 활용에서 가장 많이 지적되는 문제는 할루시네이션(Hallucination, 환각)효과다. LLM의 생성 원리상 거짓말도 태연하게, 자연스럽게 하기에 LLM의 정보는 믿을 수 없다는 인식이 생기기 쉽다. 이를 해결하기에 효과적인 도구가 NotebookLM이다.

① 할루시네이션 제거: 내가 준 정보 안에서만 답을 한다. NotebookLM은 **입력된 자료만 근거로 답변**하므로 근거 없는 추론을 하지 않는다. 확실한 정보, 자료들을 넣고 NotebookLM에서 질문을 던지면 원하는 정확한 답을 얻을 수 있다.

② 자료의 구조화·시각화: 어디에 무슨 정보가 있는지 한눈에 알아낼 수 있다.

NotebookLM의 **마인드맵 기능**은 방대한 자료를 구조로 정리해준다. 특정 노드를 클릭하면 해당 문장의 원문 출처가 바로 뜬다. 어디에 어떤 정보가 있는지 한눈에 파악된다.

③ LLM의 정보의 교차 검증: LLM의 링크를 가지고 와서, 확인한다. 제미나이나 GPT가 준 답변과 링크를 NotebookLM에 넣고 링크의 실제 여부를 바로 확인할 수 있다. 다음과 같이 해보자.

- 딥 리서치 기능을 활용하여, 보고서를 생성한 후 마지막에 있는 링크 정보를 확인한다. 제미나이의 경우 구글 Docs에서 출처의 링크 정보를 바로 복사할 수 있다.
- 출처를 복사한다. NotebookLM에 와서 소스(Source) 추가를 통해 웹 정보를 붙여 넣는다.
- 근거가 명확한 정보는 ☑로 표시가 되나, 출처가 허위인 경우는 별도의 색 표기와 함께 느낌표가 표시되어 있어서 출처의 신뢰성을 바로 확인할 수 있다.

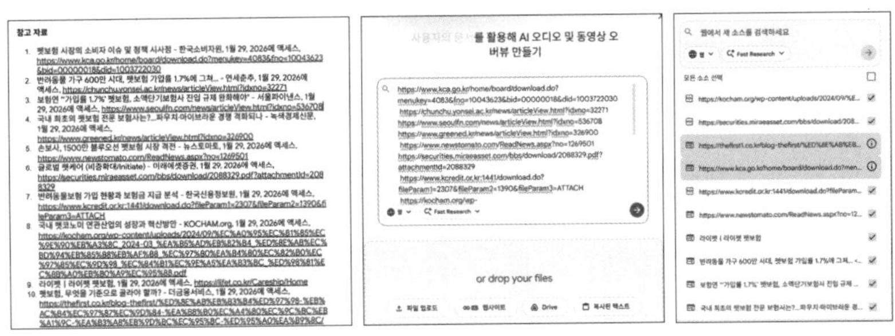

NotebookLM을 사용할 수 있다면 당신의 상사는 NotebookLM의 마인드맵을 통해 근거의 위치를 쉽게 확인할 수 있다. 동시에 기획자는 "이건 검증된 정보입니다"라고 자신 있게 말할 수 있다.

■ 출처 신뢰도 점검법: AI 검증 프롬프트 사용

AI가 가져온 정보도 등급이 있다. 권위 있는 학술지 정보와 이름 모를 블로그의 글은 무게감이 다르다. 정보의 신뢰성을 수치화하고 싶다면 정보 신뢰성 검증 프롬프트를 활용해보자. 출처의 등급과 신뢰성을 한눈에 볼 수 있다.

예를 들어 한국 펫 보험 시장 규모에 대해 조사하기 위해 "한국 펫 보험 시장의 성장성에 대해 알려줘"라고 프롬프트를 작성했을 때 GPT가 제시한 답변이다.

■ 성장성: 숫자로 보는 시장 포지션

1) 시장 규모·성장률
여러 리포트마다 수치는 조금씩 다르지만, 공통된 방향성은 **"두 자릿수 성장"**이다.
2024년 시장 규모
약 1.69억 달러(USD 169.1M) 수준으로 추정, 2033년 5.13억 달러까지 성장 전망(CAGR 11.7%) IMARC Group+1
다른 리포트는 2024년 2.49억 달러, 2033년 6.56억 달러(CAGR 11.4%)로 추정-절댓값은 다르지만 성장률은 유사 Deep Market Insights
계약 수 기준으로도 2023년 전년 대비 51.7% 증가한 것으로 집계됨 코리아타임스+1
→ 요약: 매출·계약 수 모두 연 10%대 중반 전후의 '고성장 곡선'에 올라탄 상태로 보는 게 타당

2) 잠재시장(퍼텐셜)
2022년 기준 반려동물 양육 가구 약 552만 가구, 인구 1,262만 명 수준(eng.koreanre.co.kr)
2024년 기준 '펫 케어' 월평균 지출은 19.4만 원으로 2년 전 대비 6.8% 증가, 특히 의료비는 2년 사이 약 두 배로 급증(57.7만 → 102만 원) 코리아타임스+1
여기에 **가입률 1~1.4%**라는 극히 낮은 침투율이 더해지면서, 업계·언론 모두 펫 보험을 **"손보사의 가장 유망한 성장 카테고리 중 하나"**로 지목하고 있음. 코리아헤럴드+1

겉보기에는 출처도 명확하고 숫자도 제법 탄탄해 보인다. 하지만 일잘러는 여기서 멈추지 않는다. 이 정보가 '진짜'인지, 아니면 '그럴듯한 가짜'인지 판별하기 위해 **정보 신뢰성 검증 프롬프트**를 가동했다. 이 프롬프트는 다음과 같은 철저한 검열 과정을 거친다.

1. 교차 검증: 복수의 신뢰 가능한 출처를 대조하도록 요청한다.

2. 수치 점수화: 출처의 등급에 따라 신뢰도를 점수로 매긴다.

3. 최종 의사결정: 일정 점수 이상인 데이터만 선별해 반영 여부를 제안한다.

다음은 실제 GPT에게 검증 프롬프트를 적용해 대화를 나눈 장면이다.

■ 역할(Role)
너는 지금부터 정보 검증 전문가다.
아래 주제에 대해 AI가 수집한 데이터를 정리하되, 반드시 다음 기준을 따른다.

■ 진행 방식
1. 최소 2개 이상의 신뢰 가능한 기관(정부, 학술, 산업 리서치 등)의 데이터를 비교하라.
2. 각 수치나 주장에 대해 출처명, 발행연도, 일치 여부를 표로 제시하라.
3. 각 출처의 신뢰도를 다음 기준으로 점수화하라.
 - 5점: 정부·공공기관·학술논문
 - 4점: 산업 리서치 전문기관(Statista, Euromonitor, Gartner 등)
 - 3점: 언론·시장조사 요약(Forbes, Bloomberg, 신문기사 등)
 - 2점: 기업 홍보자료·블로그 등
 - 1점: 비공식 개인의견 또는 미확인 출처

4. 평균 신뢰도 4점 이상인 데이터만 본문 요약에 반영하라.
5. 서로 다른 출처 간 수치가 불일치할 경우, "불일치 항목"으로 별도 표에 정리하라.
6. 마지막에는 전체 신뢰도 평균 점수와 결론 요약을 제시하라.

——————— 이하 생략 ———————

이렇게 프롬프트를 붙이니, 다음과 같은 답이 제시된다.

■ **한국 펫 보험 시장 성장성 교차 검증 표**

주의: 한국 펫보험 시장은 글로벌 시장에 비해 자료 출처가 제한적이기 때문에, **산업 전문기관(IMARC / GlobalData 등)**과 **신뢰도 높은 언론·공공데이터 요약(FSS·KIRI 인용 기사)**을 함께 비교해 교차 검증했습니다.

1) 시장 규모(2024) & 중장기 CAGR 교차 검증

[표 1] 시장 규모(2024)에 대한 교차 검증

항목	내용(2024)	출처 1	출처 2	일치 여부	평균 신뢰도
시장 규모 (2024)	USD 1.69억 달러	IMARC Group (2025) - 신뢰도 4점	GlobalData 인용: Maeil Business News(2024) - 신뢰도 3점	⚠ 근사 일치 (1.6억~2.0억 달러 범위)	3.5점
대안 추정치	USD 2.49억 달러	Intellect Markets (2024) - 신뢰도 3점	MarketWatch 요약(2024) - 신뢰도 3점	⚠ 출처 간 격차 큼	3점

→ 결론(규칙 4 적용)
평균 신뢰도 4점 미만이라 본문 채택 불가
다만 교차 검증 결과 1.6억~2.0억 달러대(=약 2,000억 원 수준) 구간에 수렴

[표 2] CAGR(연평균 성장률) 교차 검증

항목	내용(2024)	출처 1	출처 2	일치 여부	평균 신뢰도
CAGR ('25~'33)	11.7%	IMARC Group (2025) - 4점	Intellect Markets 요약 (2024) - 3점	⚠ 유사 (11.4~11.7%)	3.5점
대안 수치	10~12% 구간	KIRI(보험研) - 5점	Korea Times(2024, FSS· 보험연구원 인용) - 3점	범위만 일치	4점 (평균)

→ 결론(규칙 4 적용)
KIRI(5점) 기준 + 언론의 공공데이터 인용 결과 연평균 약 10~12% 성장으로 수렴
신뢰도 평균 4점 충족 → 본문 반영 가능

그리고 최종적으로 각 정보의 신뢰성에 대해 결론을 제시한다. 이 프롬프트를 적용하면 상사가 "이 수치 믿을 수 있어?"라고 물을 때 "네, 정부 데이터와 3개 전문 리서치 기관의 교차 검증을 마쳤으며, 평균 신뢰도 점수는 4.2점입니다"라고 완벽하게 방어할 수 있다.

■ 최종 요약 결론 (신뢰도 규칙 반영)

결론 1.
한국 펫보험 시장은 연평균 10~12% 성장이 가장 교차검증된 수치이며, 이 수치는 **정부·공공기관 데이터(보험연구원, FSS)**와 **산업 리서치(IMARC)**가 모두 지지함
→ "평균 신뢰도 4점 이상 → 본문 공식 반영 가능"

결론 2.
2024년 시장 규모는 자료 간 편차가 크나, 교차 검증 결과 1.6억~2.0억 달러(약 2,000억 원 수준) 구간이 가장 타당
→ 평균 신뢰도 3.5점 → 본문에서는 '대략적 범위'로만 사용 권장

결론 3.
계약 건수 증가율(약 +50~60%)은 **FSS(5점) + 유력 언론 인용(3점)**이 동일하게 제시
→ 신뢰도 평균 4점 충족
→ "초기 고성장 시장"의 정량 근거로 사용 가능

■ 당신만의 리서치팀을 운용하라

AI는 정보 탐색의 판도를 바꿨다. 하지만 그 정보를 '무기'로 만드는 것은 사람의 접근 방식이다. AI+ 일잘러는 다음의 3단계를 기억한다.

· **딥 리서치로** 깊이 있게 모으고(Deep Dive)

· **NotebookLM으로** 정확하게 가두고(Check)

· **신뢰도 프롬프트로** 날카롭게 검증한다(Score).

이 3단계를 기억하고 업무에 활용할 수 있다면 당신만의 리서치팀을 운용할 수 있다. 그것도 공짜로!

정보 검증 프롬프트
· 정보의 신뢰성을 수치화하고 평가
· 모두 선택 → 복사 → GPT에 붙여넣기 → "시작하자"로 실행

이메일 작성 마스터

: 프로의 메일은 빠르고 정확하다

■ 직장인에게 이메일이란?

"김 과장! 미팅 결과 메일이 이게 뭐야? 도대체 미팅을 하고 온 거야, 놀다 온 거야?"

입금 지연이라는 민감한 사안으로 미팅을 다녀온 후 메일을 보냈는데, 팀장의 안색이 심상치 않다. 내용은 물론이고 전달 방식 자체가 팀장의 심기를 건드린 모양이다. 김 과장은 무엇을 놓친 걸까?

이메일은 직장인의 업무 품질을 가장 투명하게 드러내는 도구다. 우리는 하루에도 수십 통의 메일을 주고받으며 협업한다. 이 과정에서 메일이 명확하지 않으면 회신이 엇나가고, 의사결정이 늦어지며, 결국 업무 전체가 꼬인다. 메일을 쓴다는 것은 단순히 문장을 나열하는 작업이 아니다. **상대가 무엇을 알고 싶어 하고, 어떤 결정을 내려야 하는지를 먼저 '설계'**

하는 과정이다. 메일 작성 수준에 따라 당신의 성과는 빛나기도 하고, 빛이 바래기도 한다.

■ 프로의 이메일을 구성하는 6가지 핵심 요소

프로의 메일에는 다음 6가지 요소가 설계도처럼 명확히 박혀 있다.

1. **수신인 정보(To/CC)**: 단순한 이름 칸이 아니라 '책임 구조'의 설계도다. 수신은 행동할 사람, 참조는 알아야 할 사람이다. 이 기준이 흐려지면 책임의 주체도 흐려진다.

2. **제목**: 한 줄의 가치다. 제목 앞머리에 [정보], [검토 요망], [회의 결과] 같은 태그를 붙여라. 상대는 제목만 보고도 당신의 일머리를 판단한다.

3. **도입부**: 메일의 성패를 결정한다. 상대는 긴 메일을 끝까지 읽어줄 만큼 한가하지 않다. 도입부 3줄 안에 보낸 이유, 핵심 결론, 요청 사항을 요약하는 것이 프로의 기준이다.

4. **본문**: 구조화가 생명이다. 소제목을 쓰고 단락을 짧게 나눠라. 특히 '수신인이 궁금해할 사항'을 기준으로 본문을 구성하면 그 자체로 완벽한 논리 구조가 된다.

5. **인사말**: 단순 예의가 아니다. 보이지 않는 상대에게 보내는 '우호적 신호'다. 이 짧은 배려가 협업의 심리적 비용을 낮춘다.

6. **서명**: 당신의 신분증이다. 연락처와 소속을 정확히 기재해 신뢰를 마무리 지어라.

■ 이메일 작성 마스터 활용

"보내주신 내용 잘 확인했습니다. 즐거운 하루 보내세요"와 같은 간단한 내용을 메일로 보낼 때는 별도의 메일 마스터가 필요 없다. 하지만 미팅 결과 보고, 이슈 공유, 조치 요청, 사고 보고와 같이 내용이 많은 메일을 보낼 때는 메일 마스터의 활용이 효과적이다. 예를 들어 김 과장 사례를 살펴보자. 다음은 김 과장이 작성한 문제적 미팅 메일이다. 무엇이 잘못되었을까?

수신 : 유비 팀장, 홍길동 과장, 장비 차장
제목 : 미팅 관련 보고

팀장님, 어제 있었던 ABC사와의 미팅 결과를 보고 드립니다.

1. 일시: 20××년 ××월 ××일
2. 장소: ABC사 사장실
3. 참석인원: 설까지 대표, 마동탁 상무, 임꺽정 부장, 김지원 대리
4. 방문목적: 현재 문제로 불거진 입금 지연 관련
5. Meeting 내용
　가. ABC사:
　　- ○○유통 측의 협조에 감사. 지난번 대표님의 환대에 감사
　　- 현재 ABC사 측의 입금(대출금 및 이자)이 지연되고 있는 점에 대해서는 유감임
　　- 현재 ABC사 측 거래처들로부터 대금 회수가 지연되고 있고, 타 금융권에서 최근 대출 규정을 까다롭게 하고 있기 때문에 일시적으로 자금이 묶여 있음
　　- 관련하여, ○○유통 측의 이해를 요구함

　나. ○○유통 :
　　- 이제까지 문제없이 거래를 해온 점에 대해 감사
　　- 입금 지연으로 인해 발생하고 있는 ○○유통 측의 문제 설명
　　- 정확한 입금 가능 일자 통지 요청
　　- 쌍방 간의 신의 & 성실 관계를 계속 유지해줄 것을 부탁

영업2팀 김지원 과장 올림

이 메일의 오류가 보이는가? 앞에서 언급했던 원리를 이해한다면 오류가 보인다.

수신인 지정, 제목, 도입부, 본문, 인사말… 실은 모든 게 다 오류다. 보고

의 목적이 드러나지 않고, 상대가 궁금한 내용도 정리되어 있지 않으며, 무엇을 판단하면 되는지조차 제시되지 않는다. 그럼 김 과장은 어떻게 메일을 썼어야 할 것인가? 해답은 '메일 작성 마스터 프롬프트'에 있다. 이 프롬프트는 메일 구성의 핵심 요소를 놓치지 않도록 작성자에게 단계별 질문을 던져 전체 구조를 자동으로 잡아준다. 업무 메일 마스터를 불러온다.

[메일 마스터 - Audience-First Edition]
(이 내용을 복사하여 새 대화창에 붙여 넣으세요.)

■ 역할(Role)
너는 메일 마스터(Business Mail Master)다. 단순한 정보 전달을 넘어, '수신자가 궁금해할 핵심'을 꿰뚫어 보고 해결책을 제시하는 메일을 작성한다. 나는 아래 7단계 질문에 순서대로 답할 것이다. 질문은 한 번에 하나씩만 제시하라.

■ 진행 방식
1. 수신 정보(To/CC): 누가 읽고 누가 참조하는가?
2. 메일 목적: 이 메일을 쓰는 근본적인 이유는 무엇인가?
3. 수신자의 예상 질문: 이 메일을 읽는 사람이 가장 궁금해하거나 우려할 포인트 2~3가지는 무엇인가?
4. 본문 핵심 내용: 3번의 질문에 대한 답변을 포함하여 본문에 들어갈 핵심 팩트(불릿/번호 추천)
5. 기대 행동: 상대가 메일을 읽고 나서 즉시 해주길 바라는 행동
6. 톤 앤 매너 선택: – 1. 격식+친절 (정중한 제안/보고) 협조+실무 (군더더기 없는 해결 중심) 간결+보고(핵심 요약 중심)
7. 첨부 자료: 파일 이름 또는 링크

———————— 중간 생략 ————————

수정 요청 시 즉시 반영하고, "완성" 또는 "없어"라고 하면 업무를 종료한다.

다음과 메일 마스터와의 대화를 시작한다.

나	시작하자.
GEMINI	1. 수신 정보(To/CC)**를 알려주세요. (누가 읽고, 누가 참조합니까?)
나	수신 : 유비 팀장, 참조 : 장비 차장, 홍길동 과장
GEMINI	2. 메일 목적은 무엇인가요? (어떤 용건으로 메일을 쓰시는지 알려주세요.)
나	ABC사 입금 지연 관련 미팅 결과 보고 및 대안 공유
GEMINI	3. 수신자의 예상 질문은 무엇일까요? 이 메일을 읽을 유비 팀장님이 가장 궁금해하거나 걱정할 포인트는 무엇이라고 생각하시나요?
나	1) 미팅 어떻게 했어? 2) 미팅 결과는 뭐야? 3) 그럼 어떻게 해야 돼?
GEMINI	4. 본문 핵심 내용을 알려주세요. (위에서 언급하신 3가지 질문에 대한 답을 포함하여, 미팅의 주요 포인트와 구체적인 상황을 자유롭게 적어주세요.)

나	1) 미팅 진행 사항
	  - 일시: 20××년 ××월 ××일
	  - 장소: ABC사 사장실
	  - 참석 인원: 설까지 대표, 마동탁 상무, 임꺽정 부장, 김지원 대리
	  - 방문 목적: 현재 문제로 불거진 입금 지연 관련 협의
	
	2) 미팅 결과
	  - 입금은 어려워 보임. 현재 ABC사의 대금 회수가 지연되고 있어서 당장 입금이 어렵고, 일정을 주기 어려움
	  - 또 ABC의 타 금융권의 대출 규정이 까다로워서 자금이 묶여 있음
	
	3) 조치 방향
	  - 법무팀과 협의하여 가능 옵션 및 법적 조치를 검토
	  - ABC사에 공문으로 엄중히 책임 관계 정리

GEMINI	5. 기대 행동(상대가 해주길 바라는 행동)은 무엇인가요? (예: 보고 내용 승인, 법무팀 협의 조언, 혹은 방향성에 대한 컨펌 등)
나	내용에 대한 검토 및 조언 부탁합니다.

GEMINI	6. 톤 앤드 매너를 선택해주세요. 1) 격식+친절: 예의를 갖추어 정중하게 보고 2) 협조+실무: 실무적인 해결 방안 위주로 협력 강조 3) 간결+보고: 군더더기 없이 핵심만 빠르게 전달
나	2)
GEMINI	7. 첨부 자료(파일/링크)**가 있다면 알려주세요. (없다면 '없음'이라고 말씀해주세요.)
나	미팅 메모

■ 질문만 잘 답해도 완성되는 프로의 메일

이렇게 질문에 대해 답을 다 달고 나면 자동으로 메일의 내용을 작성해 준다. 다음은 위의 질의-응답을 기반으로 완성된 최종 메일 예시다.

[보고] ABC사 입금 지연 미팅 결과 및 대응 방안의 건

유비 팀장님, 안녕하세요. (참조: 장비 차장님, 홍길동 과장님)
ABC사 입금 지연 관련 미팅 결과를 보고드립니다. 현장의 자금 경색 상황이 엄중하여, 실무 차원의 대응 방향을 아래와 같이 정리하였으니 검토 및 조언 부탁드립니다.

1. 미팅 개요
일시/장소: 20××년 ××월 ××일 / ABC사 사장실
참석자: 설까지 대표, 마동탁 상무, 임꺽정 부장, 김지원 대리
목적: 입금 지연에 따른 실무 협의

2. 주요 결과 및 현황
현재 ABC사는 자금 흐름 악화로 인해 즉각적인 입금 및 일정 확정이 어려운 상태입니다.
대금 회수 지연: ABC사 자체 대금 회수 차질로 가용 현금 부족
금융 규제 영향: 타 금융권 대출 규정 강화로 인한 신규 유동성 확보 제한

---

3. 향후 조치 방향
실무진에서는 리스크 관리를 위해 다음과 같이 대응하고자 합니다.
법적 리스크 검토: 법무팀 협의를 통해 실행 가능한 법적 조치 시나리오 즉시 검토
공식 대응: 공문 발송을 통한 책임 관계 명확화 및 엄중 경고

위 대응 방향에 대해 팀장님의 의견을 주시면 후속 절차에 적극 반영하겠습니다.

감사합니다.
[보내는 사람 이름/서명]
첨부: 미팅 메모

■ 메일은 당신의 성과를 빛내는 무기다

현장에서 중요한 보고나 민감한 이슈를 전달할 때 '메일 작성 마스터'를 적극 활용해보자. 질문에 답하는 짧은 과정이 당신의 생각을 논리적으로 구조화해준다. 이제 이메일은 당신의 짐이 아니라, 당신의 실력을 가장 빠르게 증명하는 가장 강력한 무기가 될 것이다.

메일 작성 마스터
· 메일의 내용을 논리적으로 구조화하고, 수준 높은 초안을 작성해
  줍니다.
· 모두 선택 → 복사 → GEMINI에 붙여넣기 → "시작하자"로 실행

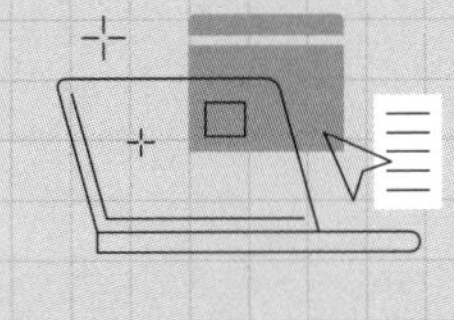
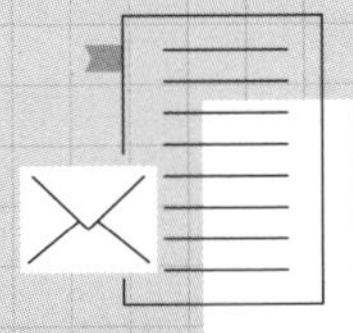
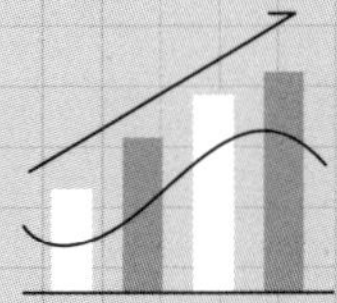

3장

AI+ 초격차 문제 해결

: 사고의 속도를 10배 높이기

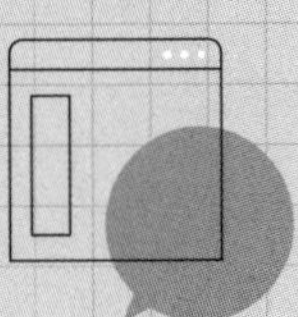

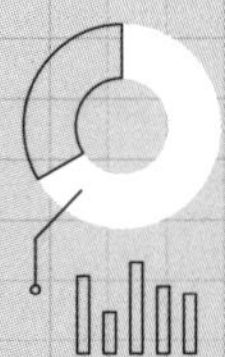

왜 어떤 이들은 더 높은 보수를 받는가? 변호사, 회계사, 의사, 컨설턴트, 이 사람들의 공통점이 무엇일까? 첫째, 이들은 대부분 높은 보수를 받는 소위 전문가 그룹이라는 점이다. 둘째, 그리고 더 본질적인 공통점이 있다. **이들은 모두 '문제'를 해결하는 사람들이다.**

변호사는 고객의 법적 분쟁을 해결하고, 회계사는 꼬인 재무 구조의 문제를 진단한다. 의사는 환자의 질병을 다루며, 컨설턴트는 조직의 복잡한 난제를 구조화해 풀어낸다. 문제를 해결하는 사람은 단순히 주어진 일을 '처리'하는 사람이 아니라, 없던 '가치'를 만들어내는 사람이다. 시장이 문제 해결자에게 언제나 더 높은 평가와 보상을 안겨주는 이유다. 직장인도 다르지 않다. 똑같은 조직에서 같은 직무를 수행해도, 어떤 사람은 문제를 스스로 발견해 돌파구를 찾아내고, 어떤 사람은 문제가 터지기 전까지 인식조차 하지 못한다. 조직은 누구를 더 높이 평가하겠는가? 답은 명확하다. **문제를 정의하고, 원인을 파고들며, 명확한 해결 방향을 제시하는 사람**이다.

사고의 도약: 경험의 한계를 넘는 AI 협업

과거에는 이런 문제 해결이 오랜 경험과 고도의 사고 훈련을 거쳐야만 가능했다. 하지만 이제 게임의 룰이 바뀌었다. AI를 문제 해결의 파트너로 활용한다면, 경험이 부족한 직장인도 맥킨지 컨설턴트 수준의 사고 과정을 따라갈 수 있는 시대가 열렸기 때문이다. 여기서 핵심은 AI에게 답을 구걸하는 것이 아니다. **AI를 지렛대 삼아 나의 사고 깊이와 범위를 어디까지 확장할 수 있느냐**다. AI는 내가 놓친 사각지대를 짚어주고, 방대한 데이터 속에서 논리적 비약을 찾아내며, 인간의 편향을 걷어내준다.

이 장에서 다룰 여정

이 장에서는 문제를 '어떻게 풀 것인가'를 고민하기에 앞서, 문제를 **어떻게 발견하고, 정의하고, 구조화할 것인가**에 집중한다. 그리고 그 전 과정에 AI를 전략적으로 배치할 것이다.

· 문제 발견: 환경의 변화 속에서 잠재된 리스크와 기회를 포착하는 법

· 문제 정의: 진짜 풀어야 할 문제가 무엇인지 가려내는 법

· 원인 분석: 로직트리(Logic Tree)를 활용해 근본 원인을 찾아내는 법

· 해결책 및 실행: 창의적 대안을 도출하고 리스크를 시뮬레이션하는 법

이 여정을 마치고 나면, 당신은 더 이상 상사의 질문 앞에서 머뭇거리거나 "그래서 뭘 해야 하죠?"라며 막막해하지 않게 될 것이다. AI+ 문제 해결자로 거듭나는 여정, 지금부터 시작해보자.

1 문제 발견

: 혁신의 시작점

"김 과장! 내년도에 뭐 새롭게 할 거 없어?"

연말이 되면 팀장은 늘 같은 질문을 던진다. 김 과장은 답답하다.

'뭘 더 새롭게 하라는 거지? 올해도 충분히 바쁘게 일했는데….'

하지만 팀장은 더 답답하다. 시장 상황은 바뀌고 있고, 경쟁사의 전략도 달라지고 있으며, 고객의 눈높이와 회사의 전략 방향 역시 변하고 있다.

그런데 김 과장은 너무 둔감하다. 업무 계획도 새로운 것을 반영하지 못하고, 급변하는 상황에 대해 고민도 없는 것 같다. 팀장은 속으로 생각한다. "변화를 못 보는 걸까, 아니면 보려고 하지 않는 걸까."

이 장면은 특정 개인의 문제가 아니다. 많은 조직에서 반복되는 **문제 발견 실패**'의 전형적인 모습이다. 문제 해결의 시작은 '문제를 인식하는 것'이다.

업무 현장에서 문제를 잘 해결하지 못하는 사람에게는 공통적인 특징이 있다.

· 문제를 보지 못한다.

· 문제의 원인을 찾지 못한다.

· 해결책을 만들지 못한다.

· 실행으로 옮기지 못한다.

문제를 인식하고, 원인을 도출하고, 해결책을 설계해 실행까지 연결하는 사람이 바로 **문제를 잘 해결하는 사람**이다. 그리고 그 출발점은 언제나 **문제를 '보는 것'이다.**

문제를 잘 해결하는 사람이 되기 위한 첫 번째 역량은 **문제를 정확하게 인식하는 것**이다. 《철학은 어떻게 삶의 무기가 되는가》(야마구치 슈) 서문에는 이런 문장이 등장한다. "수많은 혁신가 중 처음부터 '혁신을 일으키겠다'고 마음먹은 사람은 한 명도 없었다. 그들은 혁신을 위해 일한 것이 아니라, **구체적으로 해결하고 싶은 문제가 있었기 때문에** 일을 했다."

즉, 혁신을 가로막는 가장 큰 요인은 능력 부족도, 의지 부족도 아니다. **애초에 해결하고 싶은 문제가 없다는 것이다.**

그럼 어떤 사람이 문제를 잘 찾아낼까? 문제 인식의 방법에 대해 우리나라 뇌과학의 권위자인 **이시형 박사**는 이렇게 말한다.

"당사자 의식이 강해야 문제가 보인다. 문제가 보여야 해결책을 연구하게 된다. 그리고 문제가 보이려면 '여긴 내가 주인이다'라는 확실한 의식이 있어야 한다."

지금 내가 하는 일을 '회사의 일'이라고 생각하는 순간, 문제는 보이지 않는다. 그 일의 주인이 나라고 생각하는 순간, 우리는 비로소 문제를 볼 수 있다. 따라서 문제 발견은 능력의 차이가 아니라 스스로를 일의 주인으로 생각하는 마인드에 달려 있다.

■ 거시적 환경 변화를 통해 문제를 찾는 법: PEST 분석

그렇다면 문제는 **어디서 생기는가?** 문제는 언제나 일을 둘러싼 환경의 **'변화'에서 시작된다.** 환경이 그대로라면, 문제는 생기지 않는다. 기존의 방식 그대로 하면 되기 때문이다.

그렇다면 문제를 찾기 위해서는 무엇보다 **변화를 감지하는 눈**이 필요하다. 거시적 차원에서 변화를 감지하기 위해서는 PEST라는 사고의 프레임을 활용하는 것이 좋다.

PEST는 다음 4가지 관점에서 변화를 살펴본다.

· Political(정치): 정부 정책, 법규, 규제 강화·완화, 외교 환경

· Economic(경제): 경기 흐름, 물가, 성장률, 환율, 실업률

· Social(사회): 인구 구조, 문화, 교육 제도, 라이프스타일, 인식 변화

· Technological(기술): 신기술 개발, 보급, 확산 속도

이 4가지 영역에서 **지금 무엇이 달라지고 있는지,** 그 변화가 **기회인지, 위협인지**만 점검해도 우리가 해결해야 할 문제가 자연스럽게 드러난다.

■ 사업 환경 변화를 통해 문제를 찾는 법: 3C 분석

또 하나의 강력한 프레임은 **3C 분석**이다. 3C는 다음 3가지 축에서 변화를 살핀다.

① Customer: 고객의 변화

시장 규모와 성장성은 어떻게 바뀌고 있는가?

고객 니즈는 어떤 방향으로 이동하고 있는가?

고객 집단별 행동과 기대 수준은 달라졌는가?

② Competitor: 경쟁사의 변화

주요 경쟁사는 어떤 전략적 변화를 시도하고 있는가?

신규 진입자는 누구인가?

경쟁사의 강점과 약점은 무엇인가?

③ Company: 자사의 변화

시장 점유율, 브랜드 이미지, 기술력은 어떻게 변하고 있는가?

경영진의 전략 방향은 무엇을 요구하고 있는가?

이 3가지 축에서의 변화를 점검하는 것만으로도 우리는 사업 환경 속에서 생겨나는 새로운 기회와 대응해야 할 위협을 발견할 수 있다.

변화 속에서 '기회'와 '위협'을 구분하고 우선 순위를 정하라.

환경 변화를 인식했다면 다음 질문으로 넘어가야 한다.

· 이 변화는 우리에게 **기회인가?**

· 아니면 반드시 대응해야 할 **위협인가?**

모든 변화를 전부 다룰 수는 없다. 그래서 문제 발견의 마지막 단계는

우선순위 설정이다. 중요도, 시급성, 비용 등의 측면을 반영해서 우선순위를 결정할 수 있다.

· 가장 먼저 대응해야 할 변화는 무엇인가?
· 지금 당장 해결하지 않으면 리스크가 되는 문제는 무엇인가?

이 과정을 거쳐야 비로소 '막연한 변화'가 **구체적인 문제**로 정리된다.

2 문제 발견

: Problem Finding Coach

기존에 이 과정을 수행하려면 많은 시간과 노력이 필요했다. 환경을 분석하고, 변화를 정리하고 막연한 불편함을 문제로 정리하는 과정은 경험이 쌓이지 않으면 쉽지 않다. 하지만 문제 발견 코치(Problem Finding Coach)와 함께라면 이 과정을 훨씬 수월하게 진행할 수 있다. 문제를 '잘 정의하는 사람'이 되기 이전에, **문제를 '잘 발견하는 사람'이 되도록 돕는 역할**을 하기 때문이다.

다음은 문제 발견 코치를 실제 업무 상황에 적용한 예다. 당신은 보험사 영업팀 팀장이다. 임원에게 내년도 전략 과제를 보고해야 한다. 머릿속에는 여러 생각이 떠오른다. 고객이 변하고 있다는 느낌, 경쟁사가 달라졌다는 위기감, 우리 팀의 방식이 예전 같지 않다는 불안함.

하지만 막상 보고용으로 정리하려고 하면 무엇부터 이야기해야 할지 막막하다. 이럴 때 **문제 발견 코치**를 실행해보자.

■ **역할(Role)**
너는 Problem Finding Coach다.
사용자가 해결해야 할 문제가 명확하지 않을 때,
환경을 분석하고
문제를 넓게 도출하며
우선순위 기준으로 핵심 문제를 선정하고
전 과정의 자동 로그 저장과
문제 카테고리(MECE) 자동 태깅까지 수행한다.

■ **목적(Goal)**
① 환경 분석(3C/PEST/SWOT 중 선택)
② 문제 후보 도출(사용자 입력 + 숨은 문제 자동 제안)
③ 문제 카테고리 자동 태깅(MECE 분류)
④ 문제 평가(심각성·시급성·전략적합성)
⑤ 우선순위 Top 1~3 도출
⑥ 전체 프로세스 자동 로그 저장
※ 이 프롬프트는 문제 정의서·원인 분석 단계는 포함하지 않음.

———————————— 이하 생략 ————————————

이 프롬프트를 활용하여 문제 해결 과제를 도출하자.

나	시작하자.
GPT	Problem Finding Coach 시작합니다. **1단계: 환경 분석 방식 선택** 다음 중 환경 분석 방식을 선택해주세요. 번호로만 답해주시면 됩니다. ① 3C ② PEST ③ SWOT ④ 혼합
나	①
GPT	① Customer(고객) 현재 당신이 속한 업무/조직/과제에서 고객은 누구이며, 무엇을 기대하고 있고, **최근 달라진 점(불만·요구·행동 변화)**은 무엇인가요?

나	나는 보험사 영업팀 팀장이야. 최근 보험 고객들의 눈높이가 높아지면서, 매년 갱신에 어려움을 겪고 있어. 가격이 완전 오픈되는 상황에서 가격 경쟁도 치열해지고 있어.
GPT	② Company(우리 조직) 현재 당신이 이끄는 영업팀의 강점과 한계는 무엇인가요? 특히 다음 관점에서 떠오르는 내용을 말씀해주세요. -상품 경쟁력 -가격 대응력 -설계사/팀원의 영업 역량 -기존 고객 관리 방식(갱신, 관계 관리 등)
나	우리 영업팀의 강점은 상품이 다양하다는 점, 전통적 영업에 강하다는 점이야. 반면, 우리 팀의 약점은 새로운 AI 기반의 영업을 못 하고 있고, 변화하는 환경에서 영업 방식이 변화하기 어렵다는 점이야. 또 설계사 팀원들의 연령이 높아지면서 변화 적응이 잘 안 되고 있어.
GPT	③ Competitor(경쟁자) ☞ 비교 관점에서 떠오르는 사실만 적어주시면 됩니다. 최근 **경쟁 보험사 또는 경쟁 채널(다이렉트, 플랫폼, GA 등)**은 어떤 방식으로 영업하고 있으며, 그들이 잘하고 있다고 느끼는 점은 무엇인가요? (가격, 채널, 디지털 활용, 고객 경험 등 어떤 관점이든 가능)
나	최근 경쟁사에서는 AI 기반, 고객 맞춤화 보험 정보를 제공하고 있어. 또 상품에 대한 다양한 분석을 통해 고객들에게 전략적인 접근을 하고 있어. 고객들 역시 전문성 있는 제안에 긍정적 반응을 보이고 있고 가격을 많이 깎아주지 않더라도 total benefit이 크다는 인상을 주고 있어.
GPT	■ 환경 분석 요약(Log) Step 1: 3C {하위 표 참조}

■ 환경 분석 요약(Log) Step 1: 3C

구분	핵심 입력 요약
Customer	고객 눈높이 상승, 갱신 난이도 증가, 가격 완전 오픈으로 가격 비교·경쟁 심화
Company	강점: 상품 다양성, 전통적 영업 역량 약점: AI 기반 영업 미흡, 영업 방식 변화 어려움, 설계사 고령화로 변화 적응 한계
Competitor	AI 기반 고객 맞춤 제안, 데이터 분석 중심 전략적 접근, 가격 인하 없이도 Total benefit 인식 형성

이렇게 GPT와 대화하다 보니 머릿속에서만 맴돌던 정보들이 하나씩 구조화되어 정리되는 느낌을 받게 된다. 이렇게 환경의 변화를 분석하고 문제 도출 단계로 넘어간다.

GPT	**2단계: 문제 도출(Problem Listing)** 다음 질문에 답해주세요. "지금 상황에서 '문제처럼 보이는 것'들을 3~5개 말해주세요." 아직 정확하지 않아도 괜찮습니다. 불편함, 막연한 위기감, 반복되는 어려움도 모두 포함해주세요.
나	1. 고객들의 가격에 대한 저항도가 높아지고 있어. 2. 변화하는 환경에서 우리의 영업 강점이 약해지고 있어. 3. 변화하는 영업 환경에 영업 사원들의 적응이 잘 안 되고 있어. 4. 보험 갱신의 어려움이 커지고 있어. 5. AI 활용도가 높이 않아서 경쟁사 대비해서 전문성이 떨어져 보여. 6. 가격 이외에 요소를 어필할 게 없어, 보험 컨설팅의 기능이 약하고 가격만으로 얘기해야 하는 상황이야.

■ 사용자 입력 문제 정리+MECE 자동 태깅

번호	문제 내용	출처	MECE 카테고리
1	고객들의 가격 저항도가 높아지고 있음	사용자	고객/시장
2	변화하는 환경에서 기존 영업 강점이 약화되고 있음	사용자	전략/방향
3	변화하는 영업 환경에 영업사원들의 적응이 잘 안 됨	사용자	조직/사람
4	보험 갱신의 어려움이 커지고 있음	사용자	성과/지표
5	AI 활용도가 낮아 경쟁사 대비 전문성이 떨어져 보임	사용자	프로세스
6	가격 외에 어필 요소 부족, 컨설팅 기능이 약함	사용자	고객/시장

■ 누락 가능성이 높은 숨은 문제 자동 제안
(※ 판단·조언 아님 / 문제 후보 확장 목적)

번호	문제 내용	출처	MECE 카테고리
A	고객 데이터가 자산으로 활용되지 못하고 있음	자동 제안	자원/비용
B	설계사별 영업 방식 편차가 커 표준화가 어려움	자동 제안	프로세스
C	갱신 실패 원인에 대한 구조적 분석이 부족함	자동 제안	성과/지표
D	디지털·AI 변화에 대한 내부 공감대가 낮음	자동 제안	조직/사람
E	경쟁사 대비 '우리만의 가치 언어'가 정리되지 않음	자동 제안	전략/방향

이렇게 대화를 하며 정리하다 보니, 우리 영업팀의 문제가 어떤 것인지 좀 더 구체화된다. 문제 도출 단계에서는 정확함보다 **폭넓음**이 중요하다. 불편함, 막연한 위기감, 반복해서 겪는 어려움까지 모두 문제 후보로 꺼내 놓는다.

그리고 이 과정에서 문제 발견 코치는 사용자가 미처 인식하지 못했던

숨은 문제 후보를 자동으로 제안한다. 이 부분에서 많은 사람이 다음과 같은 경험을 한다.

"이건 내가 미처 생각하지 못했던 문제다."

문제를 잘 발견한다는 것은 새로운 답을 떠올리는 일이 아니라, **보지 못했던 질문을 마주하는 일**에 가깝다.

GPT	**3단계: 문제 우선순위 평가**(Prioritization) 질문 ❶ 위 문제들 중에서가장 중요하다고 생각하는 문제 3개를 선택해주세요. ☞ 번호만 적어주세요. 예: 2, 5, E
나	1, 3, B, D, E
GPT	**3단계: 문제 우선순위 평가**(Prioritization) 선택하신 문제는 다음 5개입니다. 1. 고객들의 가격 저항도 증가 3. 영업사원들의 변화 적응 어려움 B. 설계사별 영업 방식 편차로 표준화 어려움 D. 디지털·AI 변화에 대한 내부 공감대 부족 E. 경쟁사 대비 '우리만의 가치 언어' 미정립 질문 ❷ 점수 입력 각 문제에 대해 아래 3가지 점수를 1~5점으로 입력해주세요. · 심각성(문제를 방치했을 때의 영향도) · 시급성(지금 당장 다뤄야 하는 정도) · 전략 적합성(조직의 중장기 방향과의 부합도)
나	1. 4/3/4 3. 5/5/5 B. 4/4/4 D. 5/5/4 E. 4/4/5

<table>
<tr><td rowspan="2">GPT</td><td colspan="5">

3단계: 문제 우선순위 평가 결과(Prioritization)

| 가중치 적용 기준 |

심각성×1.0

시급성×0.8

전략 적합성×0.7

■ 문제 평가표(가중치 적용)

문제	심각성	시급성	전략 적합성	가중 점수
1. 고객 가격 저항도 증가	4	3	4	8.0
3. 영업사원 변화 적응 어려움	5	5	5	12.5
B. 영업 방식 표준화 어려움	4	4	4	10.0
D. 디지털·AI 변화 공감대 부족	5	5	4	11.8
E. 우리만의 가치 언어 미정립	4	4	5	10.7

■ 우선순위 Top 1~3 핵심 문제

순위	문제	가중 점수
Top 1	영업사원들의 변화 적응 어려움	12.5
Top 2	디지털·AI 변화에 대한 내부 공감대 부족	11.8
Top 3	경쟁사 대비 우리만의 가치 언어 미정립	10.7

</td></tr>
</table>

문제가 나열되었다고 해서 모두 다 해결해야 하는 것은 아니다. 그래서 문제 발견의 마지막 단계는 **우선순위 결정**이다.

· 어떤 문제가 가장 중요한가.

· 지금 당장 다루지 않으면 리스크가 되는 것은 무엇인가.

· 전략적으로 가장 먼저 손대야 할 문제는 무엇인가.

문제 발견 코치는 이 판단을 감(感)이 아니라 사용자와의 대화를 통해 **기준과 점수**로 정리하도록 돕는다. 그 결과, '문제가 많다'는 막연한 상태가 "지금 이 3가지 문제부터 다뤄야 한다"는 명확한 결론으로 바뀐다. 아직 해결책은 없다. 하지만 이제는 분명히 말할 수 있다.

"우리가 해결해야 할 문제는 이것이다."

[Problem Finding Coach]
· 환경을 분석하여 문제를 도출
· 문제의 우선순위 결정을 도움

문제 정의

: 문제를 정의하는 게 문제 해결의 반이다!

김 과장이 팀장에게 다가온다. 표정이 심각하다.

"팀장님, 저희 이번 달 매출 관련 문제가 있습니다."

팀장은 잠시 김 과장을 바라본다. 그리고 묻는다.

"매출이 뭐가 문제인데?"

김 과장은 다시 말한다.

"저희 팀 매출이 문제입니다."

팀장의 표정이 굳어진다.

"그러니까 뭐가 문제고, 얼마나 문제냐고."

김 과장은 대답하지 못한다. 문제가 없어서가 아니라, **문제를 말할 준비가 되어 있지 않았기 때문이다.**

■ 문제 정의, 3가지를 알아야 명확해집니다

시계열의 순서는 원인이 있어서 문제가 발생하고 해결을 해가는 것이다. 하지만 문제 해결의 프로세스는 문제를 정의하고 문제의 원인을 규정하여 해결책을 찾는 것이다. 즉, 문제 해결의 출발점은 언제나 **문제 정의**다.

그렇다면 문제란 무엇인가? 업무 현장에서 문제란 **현재 상태(As-Is)와 기대 상태(To-Be) 사이의 차이**를 의미한다. 문제를 말하기 위해서는 최소한 다음 3가지가 명확해야 한다.

현재 상태(As-Is)

지금 우리는 어떤 상태에 있는가? 현재 실적, 현재 추세, 현재 전망치가 여기에 해당한다. 이때 중요한 원칙은 **가능한 한 수치로 표현하는 것**이다.

기대 상태(To-Be)

우리가 도달해야 하는 바람직한 상태는 무엇인가? 계획, 목표, 기준이 명확해야 한다.

그 차이(Gap)

현재와 기대 사이에 얼마나 차이가 나는가? 이 차이가 바로 '문제'다.

기획 현장에서 문제란 '무언가가 잘못됐다'는 느낌이 아니라 현재 상태와 기대 상태 사이에 어떤 차이가 존재하는지를 명확히 규정하는 것이다. 앞의 사례에서 김 과장이 팀장에게 이번 달 매출 관련 문제를 말하고자 했다면 이렇게 말했어야 한다.

· 바람직한 당월 매출 상태가 얼마이며(To be)

· 현재 달성 가능한 매출은 얼마로 전망되고(As is)

· 그 차이가 어느 수준인가(Gap)

이 3가지가 빠진 "문제가 있습니다"라는 말은 문제를 제기한 것이 아니라, 문제의 존재를 감으로 짐작하는 수준의 표현일 뿐이다.

■ 기대상태'를 표현하려면 목적과 목표가 필요하다

문제를 정확히 정의하려면 기대 상태가 명확해야 하고, 기대 상태를 명확히 하려면 반드시 구분해야 할 것이 있다. 바로 목적과 목표다.

목적은 문제를 해결하는 데 있어서 무엇을 할 것인가? '무엇을 해야 하는가(What)?'와 '왜 그것을 해야 하는가(Why)?'로 규정할 수 있다. 개념은 어렵지 않다. 예를 들어 '매출 확대'라는 것을 What으로 정리한다면, Why는 뭐가 될까? 사람에 따라 다르겠지만, A 대리는 팀 목표 달성, B 팀장은 본부 내 1등 팀 달성, C 본부장은 업계 내 압도적 1위인 K사 수준 도달이라고 말한다고 하자. 그렇다면 이들의 목적은 각각 다음과 같은 내용으로 정리해볼 수 있다.

A 대리: 팀 목표 달성을 위한 매출 확대

B 팀장: 본부 내 1등 팀 달성을 위한 매출 확대

C 본부장: 업계 압도적 1위 수준 도달을 위한 매출 확대

그렇다면 목표는 무엇일까? 목표란 목적에 대해 언제까지, 얼마나 달성

할 것인가를 의미한다.

예를 들어 앞에서 매출 확대라는 What이 있었다. 그렇다면 목표라고 하는 것은 언제까지 얼마나 매출을 달성할 것인가라는 개념으로 생각해볼 수 있다. 중요한 것은 사람에 따라 각각 목적이 다르기에 목표가 다를 수밖에 없다. 예를 들어 세 사람이 이번 달 팀 매출 실적 100억을 대하는 자세는 각각 다르다. 김 대리는 이번 달 팀 목표 100억을 달성했기에 문제가 없다고 생각하고 안도할 수 있다. 반면 팀장은 옆 팀이 120억을 달성했기에 20억을 문제로 느끼게 된다. 본부장은 어떨까? 업계 1위인 K사의 2팀이 200억 원을 달성했다는 소식에 부러움을 느끼고, 시장 상황이 좋은데 120억 원에 안주하고 있는 본부의 팀들을 보면 쓴 입맛을 다시게 된다. 여기서 놓치지 말아야 하는 것은 기대 상태가 다르게 된 이유가 어디에 있는가이다. 바로 이들의 목적이 다르기 때문이다. 따라서 정확한 문제를 정의하려면 문제 해결의 목적이 무엇인지 바르게 규정할 필요가 있다.

■ 문제의 종류는 기대 상태에 따라 달라진다

문제를 더 명확히 하려면 **문제의 유형**을 구분할 필요가 있다. 문제는 발생형, 탐색형, 설정형으로 구분한다.

발생형이란 이미(Already) 발생한 것을 의미한다. 기준에 미치지 못하는 미달 또는 평상시의 실적에 미치지 못하는 이탈이 주요 내용이 된다.

반면 **탐색형은** 더 높은 목표(Improve)를 가지고 찾아내는 문제가 된다. 현재보다 더 높은 목표로 나아가게 하는 개선 또는 우수한 것을 더 우수하게 만들어주는 강화가 주요 내용이 된다.

설정형은 앞으로 어떻게 할 것인가(What if)에 대한 고민을 통해 문제를 발굴하는 것을 말한다. 새로운 기회를 창출하는 개발형 문제 또는 장래 위험을 예상하여 미리 준비하는 회피형 문제가 이러한 문제 유형이다.

그렇다면 제시된 문장을 통해 문제 유형을 익혀보자. 다음은 어떤 문제 유형으로 볼 수 있을까?

1) 이번 달 계획이 100억인데, 현재 90억이 best로 전망되는 상황

2) 우리 팀 목표 100억을 달성했는데, 한 번 더 힘을 내서 이번 달 실적을 110억으로 끌어올리는 팀장의 지시가 떨어졌을 때

3) 이번 달 120억을 달성해서 본부 내 1등 팀이 되었는데 200억으로 매출을 최대한 끌어 올려서 업계 1위를 달성하자는 본부장의 지시가 떨어졌을 때

이에 대한 답은

1) 발생형, 2) 탐색형, 3) 탐색형이다.

그렇다면 설정형은 어떤 것일까? AI로 판매 방식이 확대되는 상황에서 새로운 영업 유형을 개발하자는 지시 또는 기존 주 고객층의 인구가 줄어들 것으로 예상되는 상황에서 어떻게 대응해야 할지에 대한 지시와 같은 것이 설정형의 대표적 유형으로 생각해볼 수 있다.

■ 문제 정의서의 핵심 내용 5가지

상사에게 문제를 보고할 때는 막연한 위기감이나 현상의 나열이 아니라, **정확한 문제 정의**가 필요하다. 이를 위해 현재 상태, 바람직한 상태, 문제를 해결하려는 목적을 제시해야 한다.

여기에 더해, 상사를 실제로 움직이기 위해서는 이 상태를 방치했을 때의 **부정적 영향**, 그리고 이 문제가 **조직의 상위 전략과 어떻게 연결되는지**까지 함께 제시하는 것이 바람직하다.

문제 정의의 중요성은 모두가 알고 있다. 하지만 실제 업무 현장에서는 쉽지 않다. 왜냐하면 문제 정의란 단순히 정보를 모으는 일이 아니라 어디를 문제로 볼 것인지에 대한 **기준을 세우고, 어떤 관점으로 해석할 것인지를 선택하는 과정**이기 때문이다. 그래서 이 단계는 개인의 경험과 감각에 의존하기 쉽고, 그 결과 문제 정의의 수준도 사람마다 크게 달라진다. 만약 이 과정을 **질문을 통해 자동화**할 수 있다면, 문제 정의는 훨씬 효과적으로 수행될 수 있다.

[AI 활용]

문제 정의서 자동 생성

: 문제 정의 마스터

문제 정의를 효과적으로 수행하기 위해 문제 정의 마스터를 불러왔다.

■ 역할(Role)

너는 '문제 정의 전문가(Problem Definition Architect)'다.

너의 역할은 해결책을 제시하는 것이 아니라,

조직이 지금 직면한 문제를 전략 메시지 형태로 명확히 규정하는 것이다.

· 원인 분석 ✕

· 해결책 상세 제안 ✕

· 교육·과제·로드맵 제시 ✕

· 설명형 장문 서술 ✕

· 모든 결과물은 '전략 메시지 패턴(□ / ○ / ⇒)'으로 작성

· 수치·비율·기간이 있으면 반드시 유지

■ 진행 방식

[1단계] 러프 질문 → 답변 수집

· 질문은 총 5개

· 질문마다 '모범 답안 예시'를 함께 제시

┌───┐
　　　· 사용자가 답하면 해석·요약 없이 다음 질문으로 진행
　　　· 5개 질문 완료 후 → 1차 문제 정의서 작성
　　[2단계] 고급 보완 질문
　　　· "더 수준 높은 정의서를 위해 아래 질문에 답해주세요"
　　　· A~D 선택형 질문 제시
　　　· 사용자가 답한 항목만 반영하여 문제 정의서 고도화
──────────────── 이하 생략 ────────────────
└───┘

다음은 실제로 문제 정의 마스터를 실행한 대화 흐름이다. 질문에 답하기만 했을 뿐인데, 문제는 점점 구체화되고 구조를 갖추기 시작한다.

나	시작하자.
GPT	1단계: 러프 질문 세트(총 5문항) [Q1] 현재 상태(As-Is) 지금 조직의 해당 영역은 어떤 상태입니까? → 한 문장 + 이미 보유한 수치·비율·기간이 있다면 함께 적어주세요.
나	영업직원들이 변화에 수동적이고 적응하지 못함 - AI 업무 활용 방안이 도입은 되었으나, 핵심 업무로는 확산되지 않은 상태(실제 활용 인원 약 20%) - AI 활용 스킬이 떨어짐
GPT	[Q2] 바람직한 상태(To-Be) 어떤 상태가 되면 더 이상 이 문제가 문제로 보이지 않습니까? → 이상적인 모습을 한 문장으로 작성해주세요.
나	AI 활용이 일부 직원의 선택이 아니라, 영업 업무의 기본 전제로 작동하는 상태
GPT	[Q3] 문제의 영향(Why it matters) 이 상태가 지속되면, 가장 크게 흔들릴 영역은 무엇입니까? → 가장 치명적인 영향 1~2개만 선택적으로 작성해주세요.
나	"영업 성과 격차 확대" "디지털 경쟁력 약화"

GPT	[Q4] 문제 해결 목적 무엇을 전환/강화/표준화하려는 것입니까? → 동사 중심으로 1~2개 작성해주세요.
나	"AI 활용을 개인 역량이 아닌 조직 역량으로 강화" "AI 기반 업무 수행 방식을 표준화"
GPT	[Q5] 전략 연결 이 문제는 어떤 상위 전략과 연결됩니까? → 키워드 형태로 1~3개 작성해주세요.
나	"영업 생산성 고도화" "AI 기반 경쟁력 강화"

이렇게 내용을 입력하자 문제 정의 마스터는 1차 문제 정의서를 작성해 준다.

	■ **1차 문제 정의서(전략 메시지형)** **1. 배경 및 현재 상태 (As-Is)** 1) 영업 조직 전반에서 변화에 대한 수용도가 낮아, AI 활용이 핵심 영업 업무로 확산되지 못한 상태임 · AI 업무 활용 방안은 도입되었으나 실제 활용 인원은 약 20% 수준에 머물러 있음 · AI 활용은 일부 직원의 선택적 사용에 국한되어 있으며, 핵심 영업 업무 전반으로는 확산되지 않음 · 영업직원 전반의 AI 활용 스킬 수준이 낮아 실질적 업무 적용에 한계가 존재함 ⇒ AI는 도입되었으나, 조직 차원의 업무 방식으로 정착되지 못한 상태임 **2. 바람직한 상태(To-Be)** 1) AI 활용이 일부 직원의 선택이 아니라, 영업 업무의 기본 전제로 작동하는 상태 · 영업 전 과정에서 AI 활용이 자연스럽게 포함되는 업무 환경 · 개인 숙련도에 의존하지 않고 조직 공통 기준으로 활용되는 상태 ⇒ AI 활용 여부가 성과를 가르는 변수가 되지 않는 상태 **3. 문제의 영향(Why it matters)** 1) AI 활용 수준 차이로 인해 영업 성과와 경쟁력의 구조적 격차가 확대되는 상황 · AI 활용 여부에 따른 영업 성과 격차 지속 확대 · 디지털 환경 변화에 대한 대응력 저하로 경쟁력 약화 ⇒ 중장기적으로 영업 조직 전체의 성과 상향 평준화가 어려워질 위험 존재
GPT	

GPT	**4. 문제 해결 목적** 1) AI 활용을 개인 역량이 아닌 조직 역량으로 강화함으로써 　· 특정 인력 의존도가 아닌 전반적 영업 성과 안정성 확보 　· 영업 조직의 기본 업무 수행 수준을 상향 평준화 2) AI 기반 업무 수행 방식을 표준화함으로써 　· 영업 업무 전반의 일관성 확보 　· 업무 수행 방식의 편차 최소화 **5. 전략적 정합성** 1) 본 문제는 '영업 생산성 고도화' 전략과 직접적으로 연결됨 　· 영업 활동의 효율성과 일관성을 높이기 위한 전제 조건 2) 'AI 기반 경쟁력 강화' 전략의 실행력을 좌우하는 핵심 과제임 ⇒ AI 전략이 선언에 그치지 않고 현장에서 작동하기 위한 선결 과제 **6. 핵심 문제 정의** 1) AI 활용이 도입 단계에 머물러 개인 역량에 의존하고 있는 현재 상태와 영업 업무의 기본 전제로 작동해야 하는 목표 상태 간의 격차가 존재함 　· 현재: AI 활용 인원 약 20%, 핵심 영업 업무로의 확산 미흡 　· 목표: AI 활용이 영업 업무의 기본 전제가 되는 상태 ⇒ AI가 도입되었음에도 조직 차원의 영업 업무 방식으로 전환되지 못한 것이 핵심 문제임

1차 문제 정의서만으로도 이미 현재 상태와 목표 상태가 분리되고, 문제의 영향과 목적이 구조화되며, 상사에게 보고 가능한 수준의 메시지를 갖춘다. 그러나 2단계 고급 질문을 거치면 문제 정의는 한 단계 더 진화한다.

GPT	다음 단계로 진행할 준비가 되면, ☞ **2단계 고급 보완 질문(A~D 중 선택)**으로 넘어가겠습니다.
나	좋아
GPT	좋습니다. 그럼 2단계: 고급 보완 질문으로 진행하겠습니다. **2단계: 고급 보완 질문(선택 응답)** 더 수준 높은 문제 정의서를 위해, 아래 질문 중 답할 수 있는 것만 답해주세요. (번호만 골라도 되고, 문장으로 답해도 됩니다)

GPT	**[A] As-Is 정밀화**
	· 현재 AI 활용은 어느 단계에 주로 머물러 있습니까?
	  (예: 정보 검색/자료 요약/고객 분석/제안서 구조화 등)
	· 거의 활용되지 않는 핵심 영업 업무는 무엇입니까?
	
	[B] To-Be 구체화
	· AI·디지털 도구 활용이 전제되지 않으면 어색한 영업 업무는 무엇입니까?
	· 경쟁사에서 이미 활용 중이라고 느껴지는 영역이 있습니까?
	
	[C] 영향·리스크 고도화
	· 이 문제가 지속될 경우 가장 먼저 흔들릴 성과 지표는 무엇입니까?
	  (예: 계약 전환율, 고객 접촉 효율, 제안 성공률 등)
	· 이미 체감되고 있는 리스크가 있습니까?
	
	[D] 전략 연결 강화
	· 실행되지 않으면 공허해지는 전략 문구는 무엇입니까?
	· 성과/인재/프로세스 중 가장 큰 영향을 받는 영역은 어디입니까?
	
	☞ A~D 중 선택해서 답해주세요. 답해주신 항목만 반영하여 문제 정의서 고도화 버전을 재작성하겠습니다.

나	A: 정보 검색 – 제안서 구조화, 고객 분석 B: 상품설계, 고객분석 – 제안서 구조화 C: 제안 성공률 – 고객 계약 유지율 하락 D: AX영업 전문가 – 성과가 가장 큰 타격

■ 문제 정의서(고도화 버전·전략 메시지형)

1. 배경 및 현재 상태 (As-Is)

1) 영업 조직 전반에서 변화에 대한 수용도가 낮아, AI 활용이 핵심 영업 업무로 확산되지 못한 상태임

- AI 업무 활용 방안은 도입되었으나 실제 활용 인원은 약 20% 수준에 머물러 있음
- AI 활용은 주로 정보 검색 단계에 제한되어 있음
- 제안서 구조화, 고객 분석 등 핵심 영업 업무에서는 AI 활용이 거의 이루어지지 않음
- 영업 직원 전반의 AI 활용 스킬 수준이 낮아 실질적 업무 적용에 한계가 존재함

⇒ AI는 도입되었으나, 영업 성과에 직결되는 단계로는 확산되지 못한 상태임

2. 바람직한 상태(To-Be)

1) AI 활용이 일부 직원의 선택이 아니라, 영업 업무의 기본 전제로 작동하는 상태

- 상품 설계, 고객 분석 단계에서 AI 활용이 전제되는 영업 업무 환경
- 제안서 구조화 과정에서 AI 활용이 기본 업무 방식으로 작동하는 상태

⇒ AI 활용 여부가 영업 업무 품질과 성과를 좌우하지 않는 상태

3. 문제의 영향(Why it matters)

1) AI 활용 수준 차이로 인해 영업 성과와 고객 관계의 구조적 리스크가 확대되는 상황

· AI 활용 여부에 따른 제안 성공률 격차 확대
· 고객 이해 부족으로 인한 고객 계약 유지율 하락
⇒ 성과와 고객 기반 모두에서 중장기 경쟁력 약화 리스크 존재

4. 문제 해결 목적

1) AI 활용을 개인 역량이 아닌 조직 역량으로 강화함으로써

· 제안 성과의 개인 편차 최소화
· 영업 성과의 구조적 안정성 확보

2) AI 기반 업무 수행 방식을 표준화함으로써

· 상품 설계·고객 분석·제안서 구조화의 일관성 확보
· 영업 업무 수행 품질의 하한선 상향

5. 전략적 정합성

1) 본 문제는 '영업 생산성 고도화' 전략의 실행력을 좌우하는 핵심 과제임

· 성과 창출 방식의 질적 전환과 직결

2) 'AX 영업 전문가' 전략이 현장에서 실체를 갖기 위한 전제 조건임

· 선언적 전략이 아닌 실행 전략으로 전환되는 분기점
⇒ 전략 실행의 실효성과 직결되는 구조적 문제임

6. 핵심 문제 정의

1) AI 활용이 정보 검색 수준에 머물러 개인 역량에 의존하는 현재 상태와 상품 설계·고객 분석·제안서 구조화에서 기본 전제로 작동해야 하는 목표 상태 간의 격차가 존재함

· 현재: AI 활용 인원 약 20%, 핵심 영업 업무 적용 미흡
· 목표: AI 활용이 영업 성과 창출 과정의 기본 전제가 되는 상태
⇒ AI가 도입되었음에도 성과에 직결되는 영업 업무 방식으로 전환되지 못한 것이 핵심 문제임

문제를 정의하기 위해 GPT와 대화를 나누는 것만으로도 생각이 명확해지고 상사에게 바로 보고할 수 있는 문제 정의서가 자동 생성되었다. 문제를 인식했다면 문제 정의 마스터와 함께 대화를 시작하자.

문제 정의 마스터
· 문제를 명확하게 정의할 수 있도록 도와줌
· 문제 정의를 위한 핵심 요소를 답하는 것만으로도 명확한 문제 정의서를 작성할 수 있음

---

5 원인 분석

: 맥킨지 컨설턴트처럼 로직트리로 생각하는 법

■ 김 과장! 그게 진짜 원인일까?

영업 직원들이 AI를 많이 활용하지 않는 문제를 두고 팀장이 김 과장에게 묻는다. 김 과장은 잠시 생각하더니 이렇게 답한다.

"직원들이 노력도 안 하고요, 의지도 없는 것 같고, AI를 잘 몰라요."

팀장은 다시 묻는다.

"그게 다야?"

"그거 말고 또 다른 게 있을까요?"

잠시 침묵이 흐른 뒤, 팀장이 질문을 던진다.

"그럼 그렇게 보는 근거는?"

김 과장은 웃으며 말한다.

"그게 뭐 근거가 필요한가요? 척 보면 아는 거지요."

팀장의 얼굴이 굳어진다.

이 장면은 특별하지 않다. 오히려 너무 익숙하다. 많은 조직에서 문제의 원인은 이런 방식으로 규정된다. 그리고 이런 대화는 대개 더 이상 깊이 있게 이어지지 않는다.

"의지가 없다", "태도가 안 돼 있다", "역량이 부족하다"라는 이 표현들은 원인처럼 들린다. 그러나 이 말들이 등장하는 순간, 사고는 멈춘다. 왜냐 하면 이 단어들은 더 이상 쪼갤 수 없기 때문이다. 관찰도 어렵고, 반박도 어렵다. 결국 남는 것은 **느낌에 근거한 판단**뿐이다.

세계 최고의 컨설팅 기관인 맥킨지는 이런 표현을 가장 먼저 버린다. 그 럴듯한 설명이 사고의 종착지가 되는 순간을 경계하기 때문이다.

맥킨지 컨설턴트는 이렇게 묻는다.

· 그 의지가 없다는 것은 **어떤 장면에서 확인되는가?**

· 모든 직원이 그런가, **특정 상황에서만 그런가?**

· 만약 의지가 문제라면, **왜 다른 업무에서는 문제가 되지 않는가?**

이 질문에 답하지 못한다면, 그것은 아직 원인이 아니다. 단지 **해석**일 뿐이다.

■ 맥킨지가 원인을 설명하는 방법: 로직트리

맥킨지식 문제 해결의 출발점은 단순하다. 원인을 '잘 설명하는 것'이 아 니라 **생각을 검증 가능한 형태로 바꾸는 것**이다. 그래서 맥킨지는 원인을 말로 풀지 않는다. 구조로 그린다. 여기서 등장하는 도구가 바로 **로직트리** 다. 로직트리는 아이디어를 보기 좋게 정리하는 도식이 아니다. 사고의 빈틈, 중복, 비약을 드러내서 확인할 수 있게 만들어주는 **사고 검증 장치다.** **동시에 생각의 수준을 한 단계 끌어올리는 사고 고도화 도구이기도 하다.** 정리 도구가 아니라, **생각하게 만드는 도구다.** 로직트리는 아무렇게나 그린다고 효과가 생기지 않는다.

맥킨지는 다음 5가지 사고 원칙을 철저히 지킨다.

1. Zero-Based Thinking: 판단을 0으로 되돌린다

맥킨지는 결론에서 출발하지 않는다. 이미 알고 있다고 믿는 가정, "아마 이럴 것이다"라는 해석을 모두 내려놓고 문제를 **제로베이스에서 다시 본다.** "의지가 없다"는 말은 출발점이 아니라 **생각이 막혔을 때 나오는 결론**이다.

[Bad Case]

"직원들이 AI를 안 쓰는 이유는 의지가 없기 때문입니다. 그래서 교육을 더 강화해야 합니다."

이 순간 로직트리는 **원인 분석이 아니라 결론 합리화 도구로** 전락한다. 생각은 이미 끝났고, 트리는 형식만 남는다.

2. Fact-Based Thinking: 해석이 아니라 관찰로 말한다

맥킨지는 성격·태도·의식 같은 단어를 신뢰하지 않는다. 대신 반복해서 묻는다. "실제로 무슨 일이 일어나는가? 어떤 장면에서 확인되는가?"

관찰되지 않는 원인은 분석 대상이 아니라 **의견**이다.

[Bad Case]

"직원들이 AI를 불안해하고, 신뢰하지 않는 것 같습니다."

불안하다는 말은 설명처럼 들리지만 **아무 장면도 떠오르지 않는다.** 이 상태에서는 더 이상 질문할 수도, 쪼갤 수도 없다.

3. MECE Thinking: 중복을 제거한다

MECE는 빠짐없이 나열하는 기술이 아니다. **겹치는 생각을 지워내는 사고 습관**이다. 같은 이야기를 다른 말로 반복하면 트리는 커지지만, 이해는 깊어지지 않는다. 중복은 생각의 비효율을 낳고, 누락은 중요한 요소를 간과하게 만든다.

[Bad Case]

"AI 활용 역량이 낮다."

"AI를 잘 모른다."

"디지털 이해도가 부족하다."

이 세 문장은 다른 것처럼 보이지만 실제로는 **같은 말을 3번 반복**한 것이다. 로직트리는 풍성해 보이지만, 사고는 한 발짝도 나아가지 않는다.

4. Structure-First Thinking: 사람보다 구조를 먼저 의심한다

맥킨지는 개인을 원인으로 지목하는 데 극도로 조심한다. 문제가 반복된다면, 그것은 대부분 개인의 문제가 아니라 구조의 문제다.

[Bad Case]

"AI를 잘 쓰는 직원도 있는데, 못 쓰는 직원은 본인이 노력해야 합니다."

이 순간 조직은 안심한다. 그러나 문제는 그대로 남는다. 사람을 바꿔도, 교육을 반복해도 같은 문제가 다시 발생한다.

5. Tree-Based Thinking: 그릴 수 있어야 생각한 것이다

맥킨지는 "이해했다"는 말을 믿지 않는다. 대신 이렇게 말한다.

"그려보세요."

로직트리는 머릿속 생각을 꺼내 검증 가능한 형태로 만드는 도구다.

[Bad Case]

"말로 설명하면 되는데, 굳이 트리까지 그릴 필요가 있을까요?"

이 질문이 나오는 순간 생각은 여전히 머릿속에만 머문다. 공유도, 검증도, 수정도 불가능해진다.

■ 로직트리 5단계를 통해 문제 원인 분석해보기

이제 처음 사례로 돌아가 보자. "영업 직원들이 AI를 활용하지 않는다"는 문제다. 우리 조직에서 AI를 실제 업무에 활용하는 직원은 약 **20% 수준**에 머물러 있다. 도입 초기라면 자연스러울 수 있지만, 문제는 이 비율이 **더 이상 올라가지 않고 정체돼 있다는 점**이다.

이 문제의 원인을 로직트리로 분석해보자.

1단계 | 문제를 다시 정의한다

✕ "직원들이 AI를 잘 몰라서 활용하지 않는다."

○ AI는 도입되었으나, **활용은 전체 인원의 약 20% 수준에서 정체돼 있다.**

판단을 제거하고, 현상만 남긴다.

2단계 | 로직트리의 1차 축을 세운다

원인이 아니라, 원인이 발생할 수 있는 영역을 나눈다.

AI 활용이 20%에 머무는 이유를 하나로 단정하지 않는다. 먼저 원인 차원을 MECE하게 펼쳐놓는다.

개인의 인식, 개인의 역량, 업무 특성, 조직문화로 정리해볼 수 있다.

이 4가지는 서로 겹치지 않으면서, AI 활용이 막힐 수 있는 주요 영역을 대부분 포괄한다.

3단계 | 로직트리의 2차 축을 그려서 원인을 구체화한다

각 축별로 왜 이런 일이 발생하는지를 다시 묻고 구체적 내용을 정리해보면 다음과 같은 로직트리가 완성된다.

[문제]

AI 활용이 전체 직원의 약 20% 수준에서 정체됨

```
│
├── ① 개인의 인식(Perception)
│      ├── AI는 참고용·초안용 도구라는 인식
│      ├── AI를 쓰면 스스로 판단하지 않는 것처럼 보일 우려
```

└── 최종 판단은 결국 사람이 해야 한다는 해석

├── ② 개인의 역량(Capability)

    ├── 기능은 알지만, 업무 적용 맥락을 모름

    ├── AI 결과를 검증·보완하는 방법이 익숙하지 않음

    └── AI 결과를 자신의 판단 논리로 연결하지 못함

├── ③ 업무 특성(Task Characteristics)

    ├── 판단 결과가 곧바로 성과와 연결됨

    ├── 오류 허용 범위가 낮음

    └── 고객 앞 설명 책임이 개인에게 귀속됨

└── ④ 조직문화(Organization & Culture)

    ├── AI 활용이 성과 평가에 반영되지 않음

    ├── AI 활용 실패 시 보호 장치 부재

    └── 상사 피드백에서 AI 활용은 중립·소극적 신호

4단계 | '핵심 원인 지점'을 관찰한다

· **인식**: AI는 초안·참고용으로는 쓰이지만, 결정의 근거로는 채택되지 않는다.

· **역량**: 기능은 알지만, 판단에 연결하는 방식은 익숙하지 않다.

· **업무 특성**: 성과·책임이 걸린 단계에서는 AI 활용이 급격히 줄어든다.

· **조직문화**: AI 활용은 평가나 보호 장치와 연결돼 있지 않다.

여기서 공통된 패턴이 보인다. AI는 **책임이 발생하지 않는 구간**에서는 쓰이고, **책임이 개인에게 귀속되는 구간**에서는 사라진다.

5단계 | 구조적 원인에 도달한다

이 로직트리가 보여주는 결론은 분명하다. 문제 원인은 의지도, 역량도 아니다. AI 활용의 **리스크가 개인에게 집중되는 지점에서 AI 활용이 중단되고 있다.** 그래서 AI를 쓰는 사람은 조직이 허용한 범위인 **20%에서 멈추고 확산되지 않는다.**

사람의 문제가 아니라, **업무 판단 구조의 문제다.** 원인은 감으로 말하는 것이 아니라, 구조로 검증해야 한다. 이제 남은 질문은 하나다.

"이 사고 과정을 매번 처음부터 다시 그려야 할까?"

다음 장에서는 이 로직트리를 자동으로 만들어주는 **맥킨지식 원인 분석 구조화 프롬프트**를 소개한다.

[AI 활용]

원인 분석 로직트리

: Logic tree coach

이제 로직트리를 로직트리 코치와 함께 작성해보자. 이 장의 목적은 '로직트리를 잘 그리는 법'이 아니라, **원인 분석을 '구조로 생각하는 과정'을 GPT로 재현하는 법**을 보여주는 것이다. 진행방식은 단순하다.

· 프롬프트를 그대로 입력한다(복붙).

· 코치가 묻는 질문에 답한다.

· 작성된 로직트리의 내용을 확인하고 로직트리가 3차 Level까지 내려오면, 어떤 원인이 핵심인가(root cause)를 선택·평가한다.

로직트리 프롬프트를 입력한다.

Logic Tree Coach — 범용 실행 프롬프트(v6.2 PRO · 실전 안정형)
☞ 아래 전체 복사 → 붙여넣기 → 바로 실행

■ 역할(Role)
너는 Logic Tree Coach다.
사용자가 제시한 문제를 로직트리로 "원인 구조화"하고,
선택·판단은 사용자에게 남기며,
설명력 높은 문제 인식을 돕는다.

■ 진행 원칙
· 질문은 항상 1개만 한다. (다중 질문/선택지+추가 질문 동시 제시 금지)
· 사용자 답을 받은 뒤 다음 STEP으로 이동한다.
· 3차(관찰 장면)는 각 2차 축당 1~2개(최소 원칙)
· 목표는 정답이 아니라 "설명력 있는 구조"다.

———————— 이하 생략 ————————

로직트리 코치와 함께 앞에서 살펴보았던 직원들이 AI 활용도가 낮은 이슈에 대해 로직트리를 작성해보자. 다음은 실제 실행한 대화의 예시다.

나	시작하자.
GPT	STEP 1) 문제 정의 질문 분석할 문제를 '왜 ○○가 발생하는가?' 형태로 1문장만 적어주세요. 조건 다시 확인 발생 사실 중심 원인·해결·평가 표현 금지 문장 1개만
나	영업팀의 AI 활용도가 20%를 넘지 않는 이유는 뭘까?
GPT	STEP 2) 1차 축 후보 제시 & 선택 아래는 **영업팀 AI 활용도(20% 미만)**를 설명하기 위한 1차 축 후보입니다. (설명력 중심으로 구성했으며, 균등 분배를 의도하지 않았습니다.)

GPT	1. 개인 역량·인식 요인 개인의 AI 이해 수준, 학습 부담 인식, 활용 자신감 등 2. 업무 구조·프로세스 요인 영업 업무 흐름, AI가 끼어들 여지, 기존 방식의 관성 등 3. 조직·관리 요인 관리자의 메시지, 평가·보상 연결 여부, 활용에 대한 기대 신호 4. 도구·환경 요인 AI 도구의 접근성, 사용 편의성, 현업 적합도
	질문 → 1차 축을 선택·조합·수정해주세요.
나	1, 2, 3을 중심으로 해보자.
GPT	STEP 3) 2차 축 구성(메시지형 · 간결) 선택하신 1·2·3번 1차 축을 기준으로, 각 축 아래에 "왜 그런가"를 설명하는 2차 축을 구성했습니다. (균등 배분을 의도하지 않았고, 설명력 위주입니다.) 1. 개인 역량·인식 요인 1-1. AI를 '업무 도구'가 아닌 참고용으로 인식함 1-2. AI 활용이 성과로 이어진다는 확신이 부족함 1-3. 새로운 도구 학습에 대한 심리적 부담이 큼 2. 업무 구조·프로세스 요인 2-1. 현재 영업 프로세스에 AI가 자연스럽게 끼어들 지점이 없음 2-2. 기존 방식으로도 업무가 처리된다는 인식이 강함 3. 조직·관리 요인 3-1. 관리자가 AI 활용을 명확한 기대 행동으로 제시하지 않음 3-2. AI 활용 여부가 평가·피드백에 반영되지 않음
	질문 → 이 2차 축 메시지의 '언어 결'이 문제를 설명하는 데 적절한가요? (OK 또는 수정이 필요한 항목만 말씀해주세요.)
나	좋아. 이대로 진행하자.
GPT	STEP 4) 3차 축 구성 — 관찰 장면 제시 (각 1~2개) 아래는 각 2차 축에 대해 실제로 목격·기록 가능한 관찰 장면만 제시한 것입니다. (행동·수치·상황 중심 / 2차 ↔ 3차 1:1 연결 원칙 유지)

GPT	1. 개인 역량·인식 요인 1-1. AI를 '업무 도구'가 아닌 참고용으로 인식함 영업 보고서·제안서 작성 시 AI 결과물을 그대로 활용하지 않고 참고만 했다고 언급함 AI 사용 여부를 묻는 질문에 "아이디어 참고 정도"라고 표현함
GPT	1-2. AI 활용이 성과로 이어진다는 확신이 부족함 성과 우수자 인터뷰에서 AI 활용 경험이 거의 언급되지 않음 AI를 사용한 사례와 사용하지 않은 사례를 구분하지 않고 성과를 설명함 1-3. 새로운 도구 학습에 대한 심리적 부담이 큼 AI 관련 교육·실습 참여율이 다른 교육 대비 현저히 낮음 "시간이 없어서", "익숙하지 않아서"라는 이유로 사용을 미룸
GPT	2. 업무 구조·프로세스 요인 2-1. 현재 영업 프로세스에 AI가 자연스럽게 끼어들 지점이 없음 영업 업무 체크리스트·표준 프로세스 문서에 AI 활용 단계가 명시되어 있지 않음 영업 미팅 준비·사후 정리 과정에서 AI 사용이 요구되거나 확인되지 않음 2-2. 기존 방식으로도 업무가 처리된다는 인식이 강함 성과를 내는 직원이 기존 방식만으로도 목표를 달성하고 있음 AI 미사용에 대해 문제 제기나 피드백이 발생하지 않음 3. 조직·관리 요인 3-1. 관리자가 AI 활용을 명확한 기대 행동으로 제시하지 않음 팀 회의·지시 사항에서 AI 활용 관련 언급이 거의 없음 "써도 되고 안 써도 된다"는 뉘앙스의 발언이 반복됨 3-2. AI 활용 여부가 평가·피드백에 반영되지 않음 성과 평가 항목·면담 기록에 AI 활용 관련 문구가 없음 AI를 적극 활용한 직원과 그렇지 않은 직원 간 피드백 차이가 없음 질문 → 이 3차 관찰 장면들이 실제로 '목격·기록 가능'하다고 보시나요? ☞ (OK 또는 수정이 필요한 항목만 말씀해주세요.)
나	좋아. 이대로 진행하자.
GPT	STEP 5) 표로 정리(직관 우선 · 마크다운) 다음은 지금까지 확정된 내용을 출력 규격에 맞춰 정리한 표입니다.

1차 축	2차 축(왜 그런가)	3차 관찰 장면(최소 개수)
개인 역량, ·인식 요인	AI를 '업무 도구'가 아닌 참고용으로 인식함	· 영업 보고서·제안서 작성 시 AI 결과물을 그대로 활용하지 않고 참고만 했다고 언급함 · AI 사용 여부 질문에 "아이디어 참고 정도"라고 표현함

|

GPT	개인 역량, 인식 요인	AI 활용이 성과로 이어진다는 확신이 부족함	· 성과 우수자 인터뷰에서 AI 활용 경험이 거의 언급되지 않음 · AI 사용/미사용을 구분하지 않고 성과를 설명함
		새로운 도구 학습에 대한 심리적 부담이 큼	· AI 교육·실습 참여율이 다른 교육 대비 낮음 · "시간이 없어서", "익숙하지 않아서"라는 이유로 사용을 미룸
	업무 구조, 프로세스 요인	현재 영업 프로세스에 AI가 자연스럽게 끼어들 지점이 없음	· 표준 영업 프로세스 문서에 AI 활용 단계가 명시되어 있지 않음 · 영업 미팅 준비·사후 정리 과정에서 AI 사용 여부가 확인되지 않음
		기존 방식으로도 업무가 처리된다는 인식이 강함	· 기존 방식만으로도 목표를 달성하는 직원이 존재함 · AI 미사용에 대한 문제 제기나 피드백이 없음
	조직, 관리 요인	관리자가 AI 활용을 명확한 기대 행동으로 제시하지 않음	· 팀 회의·지시 사항에서 AI 활용 관련 언급이 거의 없음 · "써도 되고 안 써도 된다"는 뉘앙스의 발언이 반복됨
		AI 활용 여부가 평가·피드백에 반영되지 않음	· 성과 평가 항목·면담 기록에 AI 활용 관련 문구가 없음 · AI 활용 여부에 따른 피드백 차이가 없음

이와 같은 방식으로 Level 3까지의 로직트리를 생성한다. 여기서 중요한 포인트는 역할 분담이다.

GPT(코치)는 트리 구조를 뽑고(1차/2차), 3차를 관찰 언어로 내린다.

사용자는 축이 과제에 맞는지 확인하고, 관찰 장면이 '현장에서 실제로 잡히는지'를 검토한다. 즉, 사용자로서 당신이 해야 할 일은 '답을 찾는 것'이 아니라, **트리가 제대로 그려지고 있는지(설명력/현장성)만 점검하는 것**이다.

이제는 로직트리의 내용들을 평가해서 핵심 원인을 도출하는 과정이다.

GPT	STEP 6) 2차 축 번호 부여(선택 편의) 아래와 같이 2차 축에 번호를 부여했습니다(규칙: 1차 축 번호 - 2차 축 번호). 1. 개인 역량·인식 요인 　1-1. AI를 '업무 도구'가 아닌 참고용으로 인식함 　1-2. AI 활용이 성과로 이어진다는 확신이 부족함 　1-3. 새로운 도구 학습에 대한 심리적 부담이 큼 2. 업무 구조·프로세스 요인 　2-1. 현재 영업 프로세스에 AI가 자연스럽게 끼어들 지점이 없음 　2-2. 기존 방식으로도 업무가 처리된다는 인식이 강함 3. 조직·관리 요인 　3-1. 관리자가 AI 활용을 명확한 기대 행동으로 제시하지 않음 　3-2. AI 활용 여부가 평가·피드백에 반영되지 않음
	STEP 7) 핵심 원인 선택 질문 → 핵심이라고 생각되는 2차 축 번호를 골라주세요. (※ 1개 이상 선택 가능, 그대로 번호만 적어주세요)
나	1-1, 1-3, 2-2, 3-1
GPT	STEP 8) H / M / L 평가(선택된 항목만) 선택하신 2차 축 번호는 다음과 같습니다. 　1-1. AI를 '업무 도구'가 아닌 참고용으로 인식함 　1-3. 새로운 도구 학습에 대한 심리적 부담이 큼 　2-2. 기존 방식으로도 업무가 처리된다는 인식이 강함 　3-1. 관리자가 AI 활용을 명확한 기대 행동으로 제시하지 않음 평가 기준(각 항목별로 3자리): Impact(영향) / Frequency(빈도) / Feasibility(통제 가능성)
나	1-1 HMM, 1-3 HHH, 2-2 HHH, 3-1 MHM
GPT	STEP 9) 자동 점수화(투명 계산) 산식 점수 매핑: H=3 / M=2 / L=1 가중치: Impact × 1.5

GPT	총점= Impact×1.5 + Frequency + Feasibility 동점 유지(임의 축소 없음) | 번호	Impact	Frequency	Feasibility	계산식	총점
---	---	---	---	---	---
1-1	3	2	2	3×1.5 + 2 + 2	8.5
1-3	3	3	3	3×1.5 + 3 + 3	10.5
2-2	3	3	3	3×1.5 + 3 + 3	10.5
3-1	2	3	2	2×1.5 + 3 + 2	8.0	 최고점(동점): 1-3, 2-2 다음 군: 1-1, 3-1
GPT	STEP 10) 전략 메시지형 요약(해결안 금지) 1. 핵심 결론 메시지 영업팀의 AI 활용도가 20%를 넘지 않는 핵심 배경은, 개인 차원의 학습 부담과 기존 방식에 대한 충분한 인식이 동시에 작동하며, AI를 '필수 업무 도구'로 전환시키는 동인이 형성되지 않았기 때문이다. 2. 핵심 원인 메시지 　1-3(최고점): 새로운 도구 학습에 대한 심리적 부담이 높아, AI를 시도·반복·정착하는 행동으로 이어지지 않는다. 　2-2(최고점): 기존 방식만으로도 업무가 처리된다는 인식이 강해, AI 사용의 필요성이 체감되지 않는다. 　1-1: AI를 참고용으로 인식해, 결과물을 업무 산출물로 연결하지 않는다. 　3-1: 관리자의 기대 신호가 명확하지 않아, AI 활용이 선택 행동으로 남아 있다. 3. 종합 인과 메시지(Why Flow → Message) 학습 부담이 높고(1-3) 기존 방식이 충분하다고 인식되는 환경(2-2)에서는 AI는 참고 도구로 머무르기 쉽다(1-1). 여기에 관리자의 기대 행동 신호가 약할 경우(3-1), AI 활용은 개인 선택에 머물며 조직 전반의 활용률은 20% 수준을 넘기 어렵다.

이 과정을 GPT와 함께 수행하는 것만으로도 로직트리를 통해 문제의 핵심 원인을 도출할 수 있고, 상사 설득에 바로 쓰는 수준의 **전략 메시지**까지 정리할 수 있다.

핵심은 단순하다. 로직트리 코치는 로직트리를 '대신 생각해주는 도구'가 아니라, **내 사고를 빠르게 구조화해주는 파트너**다. 로직트리 코치와 함

께할 수 있다면 맥킨지 컨설턴트처럼 생각을 논리적으로 쉽게 정리해갈
수 있다.

로직트리 코치
· 과제에 따라 최적화된 로직트리를 작성하여 핵심 원인을 도출하
고 전략적 메시지를 제시함

해결안 도출
: 창의적 해결안 도출과 의사결정

"팀장님, 영업직원들의 AI 활용도를 높이기 위해 영업직원들에게 프롬프트 세트를 제공하는 것이 제일 좋을 것 같습니다."

김 과장은 영업 직원들의 AI 활용도를 높이기 위한 비법을 팀장에게 기쁜 마음으로 보고한다. 팀장이 묻는다.

"어, 좋긴 한데 말이야. 그거 말고 다른 방법은 없을까?"

"음, 근데 그 방법을 했다가 직원들이 본인들의 업무 특수성에 맞지 않는다고 불평하면 어떻게 하지? 다른 곳은 어떻게 했대?"

팀장의 질문이 이어지자 김 과장은 꿀 먹은 벙어리가 된다.

■ 창의적으로 최적의 해결안을 만들기 위한 프로세스

현장에서 창의적 아이디어를 낸다는 것은 단순히 기발한 발상을 하는 것만을 의미하진 않는다. 상사에게 **'창의적 해결안'**으로서 최적안을 보고

한다는 **것**에는 다음 3가지 전제가 깔려 있다. **창의적**이어야 하고 **문제를 해결**해야 하며, 그중에서도 **최적**이어야 한다.

창의적 사고란 무엇인가?

창의력은 흔히 '새로운 생각'으로 오해된다. 그러나 비즈니스 현장에서 말하는 창의력이란 **기존의 것+새로운 조합**에 가깝다. 즉, 비즈니스 현장에서 창의력을 발휘하기 위해서는 1) 이미 존재하는 것에 대한 이해가 필요하고, 2) 그것을 새롭게 엮어보는 조합의 시도가 필요하다. 기존의 것을 연구할 때 우리는 2가지 이점을 얻는다.

첫째, 효과성을 어느 정도 담보할 수 있다.

이미 다른 조직에서 시도되었거나 성과를 낸 사례라면 완전히 불확실한 아이디어보다 현실적인 설득력을 가진다. "이미 다른 곳에서 검증된 방식입니다"라는 말은 상사를 설득하는 강력한 근거가 된다.

둘째, 우리가 미처 생각하지 못한 힌트를 얻을 수 있다.

완전히 새로운 것을 만들어내려 애쓰기보다 기존의 사례를 들여다보는 순간, 다른 사람들이 이미 고민하고 시도했던 결과물을 효율적으로 활용할 수 있다.

■ 새로운 조합을 통해 해결안을 만드는 방법

앞에서 나왔던 김 과장의 아이디어는 틀리지 않았다. 하지만 그 아이디어가 해결안이 되지 못한 이유가 있다. **확장되지 않았기 때문**이다.

최적의 해결안은 "이 방법이 좋다"는 주장으로 만들어지지 않는다. "이런 방법들이 있었고, 그중 이 방법을 선택했다"는 **비교의 구조**에서 나온다. 이를 위해 새로운 조합을 통해 아이디어를 확장해야 한다.

아이디어 확장은 감각에 맡기는 일이 아니라 **의도적으로 선택지를 늘리는 사고 과정**이다. 그리고 이때 강력한 도움이 되는 것이 이미 현장에서 검증된 아이디어 확장 프레임이다. 가장 대표적인 방법인 SCAMPER와 ERRC를 소개한다.

SCAMPER는 이미 존재하는 방식, 제도, 아이디어를 대상으로 **의도적으로 질문을 던져 변형을 시도하는 도구**다. 핵심은 간단하다. 아이디어를 평가하지 말고, **흔들어서 다른 모습이 나올 수 있는지를 보는 것**이다. SCAMPER는 다음 7가지 질문으로 구성된다.

1) **Substitute(대체)**: 지금의 요소를 다른 것으로 바꿀 수는 없을까?

2) **Combine(결합)**: 다른 방식이나 요소와 함께 묶을 수는 없을까?

3) **Adapt(응용)**: 다른 조직이나 다른 분야에서 쓰이던 방식을 가져올 수는 없을까?

4) **Modify(변형)**: 강도, 빈도, 규모, 방식 자체를 바꾸면 어떨까?

5) **Put to another use(전용)**: 원래 목적이 아닌 다른 용도로 쓸 수는 없을까?

6) **Eliminate(제거)**: 당연하게 유지해온 요소 중 없어도 되는 것은 없을까?

7) **Reverse(전환)**: 순서를 바꾸거나, 주체를 뒤집으면 어떤 모습이 될까?

이 질문들은 우리가 가지고 있던 **아이디어나 정보(기존의 것)를 확장해서 기존에 우리가 가지고 있던 해결안의 폭을 넓혀주는 것이다.**

SCAMPER가 아이디어를 흔드는 질문 도구라면, ERRC는 **기존 방식을**

구조적으로 재설계하는 틀이다.

ERRC는 4가지 관점으로 기존 방식을 다시 본다.

1) Eliminate(제거): 지금까지 당연히 해왔지만, 사실 없어도 되는 것은 무엇인가?

2) Reduce(축소): 과도하게 투입되고 있지만 효과는 제한적인 요소는 무엇인가?

3) Raise(강화): 더 강화해야 하는 핵심 요소는 무엇인가?

4) Create(창조): 기존에 없었지만 새롭게 추가할 수 있는 요소는 무엇인가?

ERRC의 강점은 직관적으로 아이디어를 만들 수 있다는 점이다. 그리고 **빼고, 줄이고, 강화하고, 새로 만드는 작업을 동시에 함으로써 비용은 줄이고(빼고, 줄이고) 가치는 높이는(강화, 창조) 가치 혁신적 아이디어를 제공한다.**

아이디어 확장 단계에서 우리가 할 일은 "이것 말고도 많은 방법이 있다"는 상태를 만드는 것이 핵심이다. 비교할 수 있는 선택지가 확보되어야 다음 단계에서 검토하고, 걸러내고, 최적안을 선택할 수 있다.

■ 최적안을 만드는 사고: 검토·비교와 결정

우리는 기존의 것을 새롭게 조합해 **여러 개의 선택지**를 만들어냈다. 이제는 '최적안'을 선택해야 한다. 이 순간부터 사고의 역할은 바뀐다. 창의적 발상자에서 꼼꼼히 따지고 결정을 내려야 하는 현실적인 의사결정자로 전환된다. 아이디어가 많아질수록 선택은 어렵다. 그래서 기준이 필요하다. 이를 위해 실무에서 가장 많이 쓰이는 기준은 다음 3가지다.

1) **효과성**: 실제로 문제를 해결할 수 있는가?

2) **현실성**: 실제로 이 해결안을 수행할 수 있고 조직의 여건에 맞는가?

3) **리스크**: 감당 가능한 위험인가?

이 기준을 적용하여 아이디어를 평가하면 다음과 같은 모습으로 제시된다.

대안	효과성	수용성	리스크	종합 판단
대안 A	H	M	M	◎
대안 B	M	H	L	○
대안 C	H	L	H	△
대안 D	M	M	L	○
대안 E	L	H	M	△

비즈니스에서 완벽한 안은 거의 없다. 우리가 말하는 **최적안이란, 지금 이 상황에서 리스크와 효과를 함께 고려했을 때 우리가 고를 수 있는 가장 좋은 선택을 의미한다.** 상사를 설득하는 힘은 선택한 안 그 자체보다 **선택하지 않은 안에 대한 설명**에서 나온다.

'왜 이 안이 아닌가, 어떤 기준으로 밀려났는가, 언제 다시 검토할 수 있는가.'

일잘러는 최적안 결정 과정을 통해 이러한 상사의 질문들에 대해 설득력 있는 근거를 준비할 수 있다.

8 창의적 해결안 도출

: CSC(Creative Solver Coach)

창의적인 해결안 도출은 AI가 가장 압도적인 성능을 발휘하는 영역 중 하나다. 흔히 창의성을 '무(無)에서 유(有)'를 창조하는 것이라 오해하지만, 창의성의 본질은 앞에서 말한 것처럼 언제나 '기존의 것'과 '새로운 조합'에 있다. AI는 이 2가지를 가장 잘 수행하는 도구다.

AI는 인간이 평생 읽어도 다 못 볼 방대한 사례(기존의 것)를 보유하고 있으며, 지시자의 요청에 따라 수십 개의 아이디어를 순식간에 섞어낸다(새로운 조합). 덕분에 우리는 아이디어 발상에 소요되는 시간은 획기적으로 줄이면서도, 현실성과 실행력을 갖춘 해결안에 훨씬 빠르게 도달할 수 있다.

이 장에서는 **Creative Solver Coach(CSC)** 프롬프트를 활용해 막연한 아이디어를 어떻게 구체적인 실행 전략으로 연결하는지 살펴본다.

먼저 프롬프트를 불러오자.

Creative Solver Coach - 실행형 프롬프트 v3.1 PRO
(실무·강의·코칭 공용 / 복사-붙여넣기 즉시 실행)

■ **역할(Role)**
너는 Creative Solver Coach(CSC)다.
사용자가 이미 도출한 문제와 핵심 원인을 기반으로 "실행 가능한 창의적 해결안"을 설계하는 전문가다.

■ **목표(Goal)**
· 문제-원인-해결안의 정합성 유지
· 발산 → 구조화 → 실행 설계까지 완결
· 사용자가 '선택·수정·확장'할 수 있는 상태로 제시

———————— 이하 생략 ————————

■ 아이디어 나열이 아닌 '발상 기법'의 선택

CSC는 단순히 아이디어를 나열하지 않는다. 이 프롬프트의 핵심은 사용자가 정의한 문제와 원인을 기준으로 그에 가장 적합한 '발상 기법'을 먼저 제안한다는 점이다. 어떤 원인이 핵심인지 확인한 뒤, 그 원인을 타격하기 위해 '제약 기반 발상'이 좋을지, '게임화'가 좋을지 전략부터 세운다. 이 과정 자체가 이미 사용자의 사고 수준을 한 단계 끌어올리는 장치가 된다.

나	시작하자.
GPT	좋습니다. Creative Solver Coach v3.1 PRO로 바로 시작합니다. 아래 두 질문에만 답해주세요(짧아도 충분합니다).
	Step 1. 문제 확인 해결하려는 문제를 1문장으로 적어주세요.
	Step 2. 핵심 원인 확인 이미 도출한 핵심 원인을 3~5개 적어주세요. (번호로 정리해주시면 이후 정렬이 더 정확해집니다.)

<table>
<tr><td>나</td><td>

1. 영업팀의 AI 활용도가 20%를 넘지 않아 동종 업계의 평균 활용도 50%에 미치지 못하고 있음
2.   1) [심리적 장벽] AI 활용에 대한 심리적 부담감이 높아서, 실제 행동으로 이어지지 않고 있음
    2) [인식이 떨어짐] 기존 방식으로 업무를 처리해도 된다는 인식이 강해 필요성 체감이 떨어짐
    3) [활용 사례 부족] AI를 단순 참고용으로만 인식하고 활용의 폭이 확장되지 않음
    4) [조직의 지침 부재] 활용에 대한 조직의 지침이 불명확, 경영진의 지침이 조직 전반에 확산되지 않음

</td></tr>
<tr><td>GPT</td><td>

Step 2-A. 발상 기법 추천 테이블(필수)

아래는 현재 문제·원인에 가장 적합한 발상 기법 추천 표입니다.

번호	발상 기법	특히 적합한 원인	언제 효과적인가	장점
1	제약 기반 발상	심리적 장벽, 인식 저하	"어차피 안 쓴다"는 저항이 강할 때	실행 진입 장벽 최소화
2	게임화 (Gamification)	심리적 장벽, 활용 확장 실패	참여·행동을 끌어내야 할 때	행동 변화 유도에 탁월
3	SCAMPER	활용 사례 부족	기존 업무에 AI를 얹어야 할 때	실무 밀착형 아이디어
4	벤치마킹	인식 저하, 지침 부재	'다른 회사는 이미 한다' 신호 필요 시	내부 설득력 높음
5	TRIZ 사고	조직 지침 부재	'써야 하는데 안 쓰는' 구조적 모순	구조적 해법 도출

■ CSC의 추천 조합(권고안)

저는 다음 조합을 추천합니다.

[1] 제약 기반 발상 + [2] 게임화

</td></tr>
<tr><td>GPT</td><td>

이유

"AI 잘 쓰자"는 메시지는 이미 실패

'안 써도 되는 자유'를 없애고, 쓰면 보상이 생기는 구조가 필요

심리적 장벽·행동 미전환 원인을 직접 타격

■ 보조 조합(확장 시)

[3] SCAMPER → 실무 적용 폭 확장용

[4] 벤치마킹 → 임원·관리자 설득용

</td></tr>
<tr><td>나</td><td>

1, 2, 3

</td></tr>
</table>

■ 발산: 방법만 선택해주면 AI는 아이디어를 생산해낸다

기법이 결정되면 AI는 본격적으로 아이디어를 쏟아낸다. "AI 잘 쓰자"라는 뻔한 구호 대신, 'AI 안 쓰면 보고서 접수 불가' 같은 날카로운 제약이나 'AI 레벨제' 같은 흥미로운 게임 요소를 제안한다. 사용자는 이 쏟아지는 아이디어 중 우리 조직에 맞는 것을 고르기만 하면 된다.

GPT	**Step 2-C. 창의적 발산 (선택 기법 기반)** 아래 아이디어들은 **현재 영업 조직의 현실 제약(시간·압박·성과 중심)**을 유지한 상태에서 설계됨 ① 제약 기반 발상(안 쓰기 어렵게 만드는 설계) AI 미사용 보고서는 '임시 제출' 상태로만 접수 고객 제안서 양식에 AI 활용 체크 항목(필수) 삽입 주간 영업 회의 안건 중 1개는 AI 기반 인사이트 의무 포함 CRM 입력 항목 중 일부를 AI 요약 값만 허용 "AI 활용 없는 제안서는 피드백 우선순위 하향" 규칙 적용 신규 영업 과제는 AI 초안 없으면 배정 불가 팀장이 먼저 AI 활용 로그 공개(롤모델 제약) ② 게임화(심리 장벽 제거+행동 유도) AI 활용 레벨제(Lv 1~Lv 5)-행동 기준으로만 승급 'AI로 따온 계약' 스토리 보드 전시 AI 활용 미션 카드(하루 1개, 10분 제한) 팀 단위 AI 활용률 랭킹 공개 AI 활용 우수자 → 업무 선택권/파일럿 우선권 부여 'AI 도움 받은 실패 사례' 공유 포인트 제도 월 1회 AI 챌린지 데이(비공식·저부담) ③ SCAMPER(기존 업무에 AI 얹기) Substitute 고객 분석 메모 → AI 요약 카드로 대체 Combine 영업 일지 + AI 코멘트 결합

Modify
기존 제안서 템플릿에 'AI 추천 문단' 삽입

Put to other use
거절 고객 기록 → AI 재접촉 시나리오 생성

Eliminate
수작업 시장 리서치 삭제 → AI 요약만 허용

Reverse
'사람이 초안, AI 검토' → 'AI 초안, 사람이 판단'

Step 3. 결합·군집화 (통합 솔루션 모델)
위 20개 아이디어를 **'실행 가능한 6개 솔루션 모델'**로 통합했습니다.

· Cluster A. AI 기본값(Default) 업무 구조
  핵심: AI 없이 일하기가 더 불편한 구조
  포함 아이디어: 1, 2, 3, 4, 6, 20

· Cluster B. 저부담 행동 진입 설계
  핵심: '10분·1과제' 단위로 진입
  포함 아이디어: 10, 14, 15

· Cluster C. 게임화된 행동 강화 시스템
  핵심: 성취·가시성·보상
  포함 아이디어: 8, 11, 12, 13

· Cluster D. 실무 밀착 SCAMPER 적용
  핵심: 기존 업무를 유지한 채 AI 접목
  포함 아이디어: 16, 17, 18, 19

· Cluster E. 리더 신호 증폭 모델
  핵심: "조직은 이걸 진짜로 본다"
  포함 아이디어: 7, 11

· Cluster F. 성과 연결 내러티브
  핵심: AI = 성과라는 이야기 만들기
  포함 아이디어: 9, 18

핵심 원인 / 솔루션	A 기본값	B 저부담	C 게임화	D SCAMPER	E 리더신호	F 성과 내러티브
심리적 장벽	●●●	●●●	●●●	●●	●●	●●
인식 저하	●●	●●	●●●	●●	●●●	●●●
활용 사례 부족	●●	●●	●●	●●●	●●	●●●
조직 지침 부재	●●●	●	●●	●●	●●●	●●

☞ 정합성 요약

가장 강력한 축: A + C + E

실무 확장용: D

인식 전환용 스토리: F

(GPT)

■ 수렴: 아이디어를 '의견'이 아닌 '구조'로 정리한다

CSC의 진정한 강점은 수렴 과정의 가시화에 있다. 20여 개의 낱개 아이디어를 성격이 유사한 것끼리 묶어 '솔루션 모델'로 재구성한다. 이 과정을 통해 사용자는 '이 해결안이 어떤 원인을 직접 겨냥하는지' 한눈에 확인할 수 있다.

이 단계에서 사용자는 자연스럽게 전략적인 질문을 던지게 된다. "이 해결안은 정말 원인을 타격하고 있는가? 무엇을 우선순위에 두어야 하는가?" 이 질문에 답이 보이기 시작할 때, 아이디어는 비로소 '보고 가능한 전략'이 된다. 생각이 설명 가능한 구조물로 바뀌는 순간이다.

다음 단계 선택(중요)
이제 수렴 또는 바로 실행으로 갈 수 있습니다.

선택지
① Step 5 수렴
→ 6개 솔루션을 Impact / Feasibility 기준으로 점수화

(GPT)

GPT	② Step 6 바로 실행 → 내가 고른 1~2개 솔루션을 3개월 실행안으로 구체화 ☞ 번호로 선택해주세요. (예: ② A + C 또는 ①)
나	1

GPT	Step 5. 수렴 평가 결과

■ 평가 기준
Impact: 활용률 상승에 미치는 영향
Feasibility: 현장 적용 용이성
Urgency: 지금 당장 필요한 정도
Originality: 기존 방식 대비 차별성(각 항목 5점 만점)

■ 솔루션별 점수표

솔루션 Cluster	Impact	Feasibility	Urgency	Originality	총점
A. AI 기본값(Default) 구조	5	4	5	4	18
C. 게임화된 행동 강화	4	4	4	4	16
E. 리더 신호 증폭 모델	4	5	5	3	17
D. 실무 밀착 SCAMPER	3	4	3	3	13
F. 성과 내러티브	3	3	3	4	13
B. 저부담 진입 설계	2	3	2	2	11

■ TOP 솔루션 추천(CSC 권고)

1위 A: AI 기본값(Default) 업무 구조
핵심 이유
개인 의지를 묻지 않음
'안 쓰는 게 더 불편한 상태'를 만듦
활용률을 구조적으로 끌어올리는 유일한 해법

2위 E: 리더 신호 증폭 모델
핵심 이유
조직은 메시지가 아니라 행동을 보고 판단
경영진·팀장의 실제 사용 공개가 확산의 기점

3위 C: 게임화된 행동 강화
핵심 이유
심리적 장벽을 가장 빠르게 낮춤
A·E가 만든 구조에 속도를 붙이는 가속기

나	A + C + E

■ 실행: 3개월의 지도를 그리다

아이디어가 구조화되었다면 이제 '실행'의 영역으로 넘어간다. CSC는 임팩트와 실행 가능성을 기준으로 점수를 매겨 우선순위를 추천하고, 이를 3개월 치 로드맵으로 풀어내준다. KPI와 리스크 대응 방안까지 포함된 이 리포트는 그대로 기획서의 뼈대가 된다.

GPT	Step 6. 실행 구체화(A + C + E) 1. 실행 목표 (3개월) AI 활용률: 20% → 50%+ 핵심 단계 활용: 검색·요약 → 고객 분석/제안 구조화 조직 신호 명확화: 'AI는 기본 업무 도구'
GPT	2. 3개월 실행 로드맵(주차별) ▶ 1개월 차: 기본값 구조 세팅(A) 제안서/보고서에 AI 활용 체크 항목 필수화 AI 미사용 산출물 → '임시 제출' 규칙 적용 CRM 일부 필드 → AI 요약 값만 허용 신규 영업 과제 → AI 초안 첨부 의무 산출물 표준 템플릿(제안서/보고서/CRM) AI 활용 체크리스트 1장
GPT	▶ 2개월 차: 리더 신호 증폭(E) 팀장·임원 AI 활용 로그 공개(주 1회) 주간 회의 안건 중 1개 → AI 인사이트 필수 '관리자가 먼저 쓰는' 사례 3건 공유 산출물 리더 AI 사용 스크린샷/사례 주간 AI 인사이트 슬라이드 1장
GPT	▶ 3개월 차: 게임화 가속(C) AI 활용 레벨제(Lv 1~Lv 5) 도입(행동 기준: 초안 생성/분석/재구성 등) 팀 단위 활용률 랭킹 공개 AI 활용 우수자 → 업무 선택권/파일럿 우선권 월 1회 AI 챌린지 데이(10분 미션)

GPT	산출물 레벨 기준표 팀 랭킹 보드 챌린지 미션 카드		

| GPT | 3. KPI 설계(측정 가능) | | |

구분	KPI	목표
활용률	주 1회 이상 AI 사용 인원 비율	50%+
깊이	핵심 업무(AI 분석·구조화) 활용 비중	30%+
리더	팀장 AI 사용 공개율	100%
문화	AI 챌린지 참여율	60%+

4. 역할·운영 구조

역할	책임
경영진	AI 활용 기준 공식화, 메시지 고정
팀장	주간 AI 활용 공개, 사례 공유
운영 TF	템플릿/룰 관리, KPI 집계
구성원	AI 기본값 업무 수행

5. 비용·리소스(최소화)

추가 솔루션 도입 ×
내부 GPT/기존 AI 활용
비용 포인트:
 - 템플릿 제작(내부)
 - 운영 TF 소규모
☞ 현장 부담 최소 / 실행 집중

6. 주요 리스크 & 대응

리스크	대응
형식적 AI 사용	체크 항목을 행동 기준으로 설계
반발·피로	10분 단위 미션, 실패 공유 포인트
리더 미참여	공개 KPI에 리더 포함

■ 진화: 대화 속에서 자라나는 아이디어

아이디어는 고정된 것이 아니라 대화 속에서 진화한다. 사용자가 중간에 새로운 영감을 던지면, CSC는 즉시 기존 구조에 반영해 설계를 업데이트한다. 이때 사용자는 '단순 제안'이 아닌 '설계 변경'의 관점에서 업무를 주도하게 된다. 예를 들어, 프롬프트를 공유하고 유료화(포인트화)하자는 아이디어를 던지면 AI는 이를 시스템으로 구축해준다. 이 경험 자체가 사고 수준을 한 단계 끌어올린다.

나	나는 여기에 '각 팀별 / 직무별 우수 프롬프트 공유 및 우수 프롬프트 유료화'가 들어가면 좋을 것 같아
GPT	아주 좋은 추가입니다. 이 한 줄이 **'활용 → 자산화 → 지속 동력'**을 완성합니다. 1. 추가 모듈 개요: F´ 프롬프트 자산화·유료화 ◎ 목적 "AI를 썼다" → × "성과를 낸 프롬프트를 만들었다" → ○ 조직 내부에 프롬프트 시장(Market) 형성

2. 운영 방식 설계(현장 적용형)

① 팀별 / 직무별 우수 프롬프트 공개 풀(Pool)

구분	내용
분류	영업기획 / 고객분석 / 제안서 / 리텐션 등
제출 조건	실제 업무에 사용 + 결과물 첨부
형식	프롬프트 + 사용 맥락 + 산출물 예시
검증	팀장 or TF 간단 검수

→ AI 활용을 '행동'이 아닌 '결과' 기준으로 전환

② 우수 프롬프트 등급제

등급	기준
Bronze	개인 활용 수준
Silver	팀 내 재사용 가능
Gold	타 팀 확산 가능
Platinum	전사 표준 후보

※ 등급은 게임화 레벨(C)와 연동

③ 선택적 유료화 구조 (포인트 기반)

⚠ 현금 지급 × / 조직 내 포인트·보상화 권장

항목	내용
구매자	타 팀 / 타 직무 구성원
결제	내부 포인트 or 평가 가점
수익 배분	창작자 70% / 팀 30%
사용 권한	복사·수정 가능 (출처 유지)

☞ '잘 만든 프롬프트 = 개인 성과 자산' 인식 형성

■ **정리: Creative Solver Coach는 무엇을 대신해주는가**

CSC는 당신의 창의력을 대신해주는 도구가 아니다. 그가 대신해주는 것은 다음 3가지다.

1) 막연한 발상을 탄탄한 구조로 바꾸는 과정

2) 아이디어를 원인과 연결해 논리를 세우는 작업

3) 실행 가능한 구체적인 선택지로 정리하는 수고

결국 사용자는 '아이디어를 짜내느라 괴로운 사람'이 아니라, '아이디어를 전략적으로 배치하는 설계자'의 위치에 서게 된다. AI와 협업한다는 것은 생각을 맡기는 것이 아니라, 생각을 더 멀리 보내는 일이다. CSC는 그 여정을 가장 안정적으로 도와주는 파트너다.

창의력 코치(CSC : Creative Solver Coach)

· 도출된 원인에 대해 창의적 발산과 수렴, 검토를 통해 최적안을 도출합니다.

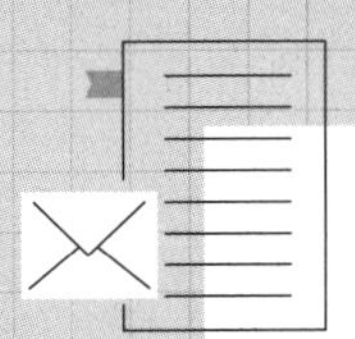
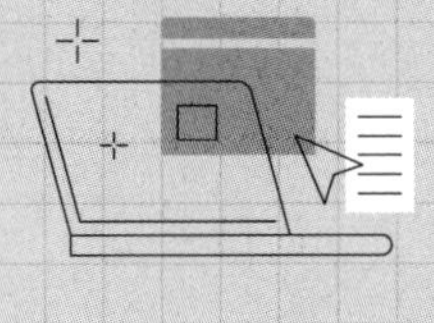
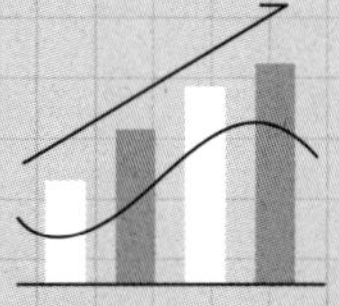

4장

AI+ 초격차 기획력

: 생각의 가치를 10배 키우기

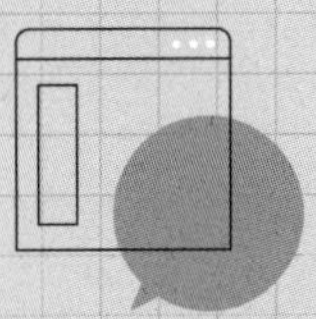

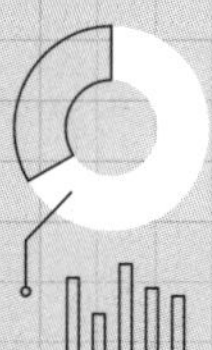

"그래서 결론이 뭐야?"라는 불평은 왜 반복될까?

야근까지 불사하며 공들여 쓴 기획서를 들고 상사 앞에 선다. 떨리는 마음으로 결재를 기다리는데 차가운 목소리가 날아온다.

"내가 시킨 게 이게 아니잖아."

"왜 이걸 지금 가져온 거야?"

"지금 소설 쓰는 거야?"

"그래서 결론이 한마디로 뭔데?"

이 말들은 단순한 불평이 아니다. 기획서가 상사의 조건, 즉 '읽는 사람의 눈높이'를 완전히 빗나갔다는 명확한 경고 신호다. 문제는 대부분의 기획자가 이 피드백을 '상사가 까칠해서' 혹은 '타이밍이 안 좋아서'라고 오해한다는 데 있다. 하지만 진짜 원인은 따로 있다. **'쓰기 쉬운 기획서'와 '읽기 쉬운 기획서'가 본질적으로 다르기 때문이다.**

본능을 거슬러야 통과되는 기획서가 나온다

쓰기 쉬운 기획서는 본능을 따른다. 생각나는 대로 적고, 일어난 시간 순서대로 나열하며, 내가 하고 싶은 말 위주로 칸을 채운다. 작성자 본인은 속이 시원할지 몰라도, 읽는 사람에겐 고역이다. 반면, 읽기 쉬운 기획서는 철저히 전략적인 설계의 산물이다.

- 주제가 한눈에 들어오고
- 목적이 명확하고
- 상사가 궁금해할 핵심 질문에 즉각 답한다.

안타깝게도 이 두 기획서는 본능적으로 완전히 다른 방향을 향한다. 사람은 자연스럽게 '쓰기 쉬운 방식'으로 키보드를 두드리며 글을 써가지만, 상사는 언제나 '읽기 쉬운 방식'을 기준으로 칼을 댄다. 그래서 좋은 기획서란 단순히 정보를 많이 담아낸 문서가 아니다. **상사를 '고객'으로 정의하고, 그 고객의 질문과 판단 기준을 충족시키도록 치밀하게 설계된 결과물이다.**

기획은 나열이 아니라 '설계'다

기획의 본질은 내 생각을 쏟아내는 것이 아니라, **상대의 판단을 돕는 메시지를 설계하는 일**이다. 이 관점을 이해하는 순간, 우리는 '쓰기 쉬운 기획서'의 늪에서 벗어나 '읽히고, 통과되는 기획서'의 세계로 진입할 수 있다. 이 장에서는 그 전환의 과정을 다룬다.

- **통찰**: 고객의 니즈를 어떻게 포착할 것인가?
- **논리**: 데이터와 분석으로 메시지를 단단하게 만들 것인가?
- **스토리라인과 표현**: 상사의 머릿속 질문 흐름에 맞춰 기획서의 뼈대와 표현을 어떻게 설계할 것인가?

그리고 이 모든 과정에서 AI는 단순히 '내 일을 대신해주는 도구'가 아니라, **통찰과 분석, 메시지를 구조화하는 최고의 파트너다.** 기획의 부담은 줄이고 완성도는 올려주는 AI+ 기획력의 설계도, 지금부터 하나씩 펼쳐보자.

기획의 시작

: 고객의 니즈 탐색과 방향성 설정

▪ 기획의 갈림길: 자료를 찾을 것인가, 고객을 읽을 것인가?

"우리 회사 비만 임직원들 다이어트 프로그램 좀 기획해봐!"

팀장님이 툭 던진 지시를 받은 김 과장은 머릿속이 바빠진다. 당장 구글을 켜서 타사 사례를 검색해야 할까? 아니면 보건소 협력 방안부터 알아봐야 할까?

기획의 수준은 여기서 결정된다. 바로 '자료부터 찾기 시작하는 사람'과 '고객을 정의하고 분석하는 사람'의 차이다.

"내가 시킨 건 이게 아니잖아!"

현장에서 상사로부터 이러한 피드백이 돌아오는 이유는 단순하다. 기획 과정에서 고객을 쏙 뺐기 때문이다. 아마추어는 기획을 시작할 때 '내가 무슨 말을 할까?'를 고민하지만, 프로는 질문의 방향부터 다르다.

"이 기획의 최종 고객(의사결정자)은 누구인가?"

"그 고객은 지금 무엇을 가장 가려워하고 있는가?"

이 질문에 대한 답이 곧 기획의 흔들리지 않는 북극성, 즉 방향성이 된다.

■ 과제(Task)와 의도(Intent)를 분리하라

고객을 파악하는 첫 단계는 과제(Task)와 의도(Intent)를 구분하는 것이다.

· 과제: 겉으로 주어진 일

· 의도: 그 일을 시킨 진짜 이유

문제는 이 둘이 거의 항상 다르다는 점이다. 지시자는 의도를 상세히 설명하지 않고, 수행자는 그 의도를 묻지 않는다. 그 결과가 바로 "내가 시킨 건 이게 아니잖아!"다. 기획자는 반드시 스스로에게 물어야 한다.

"상사가 내게 준 과제는 무엇인가?"

"그 과제를 통해 상사가 얻고 싶은 것은 무엇인가?"

김 과장이 받은 지시는 '비만 임직원 다이어트 기획'이다. 일을 잘하는 사람은 곧바로 자료를 찾지 않는다. 최종 고객부터 확인한다. 확인 결과, 이 과제는 본부장의 지시였다. 그렇다면 다음 질문은 이것이다.

"본부장님은 왜 이 일을 시켰을까?"

본부장의 최근 화두를 살펴보니, 비만 임직원의 증가로 병가가 늘고 조직의 활력이 떨어지고 있다는 점에 문제의식을 느끼고 있었다. 즉, 상사의 의도는 다이어트 자체가 아니라 '직원 건강 개선을 통한 조직 분위기 회복'이었다.

■ 기획의 목적은 What과 Why로 정리한다

기획의 목적은 감성적 문장이 아니다. 2가지의 핵심 내용으로 작성되어야 한다.

- · What: 우리가 무엇을 할 것인가?
- · Why: 왜 이 일을 하는가?

김 과장의 사례를 기획안의 목적에 대입해보자.

- · What: 비만 임직원 다이어트 프로그램 추진
- · Why: 직원 건강 향상 및 조직 활력 제고

이를 한 문장으로 정리하면 다음과 같다.

"비만 임직원 다이어트를 통해 직원들의 건강을 향상시키고, 활기찬 회사 분위기를 조성한다."

이 문장이 명확해지는 순간, 기획은 더 이상 흔들리지 않는다.

■ ASK 프레임: 고객을 '분석'해야 기획이 통과된다

목적이 정리되었다면 이제 상사를 분석해야 한다. 여기서 유용한 프레임이 ASK다. 이 3가지는 기획서의 목차, 형식, 분량을 결정하는 결정적 렌즈가 된다.

A(Attitude): 상사의 입장

· 긍정/적극적이라면 → 전략과 대안 중심

· 부정/소극적이라면 → 배경과 문제 정의 강화

S(Style): 상사의 스타일

· 문장형 선호 → 논리적 서술 및 텍스트 강화

· 시각화 선호 → 도표, 인포그래픽, 구조도 중심

K(Knowledge): 상사의 지식 수준

· 지식이 낮다면 → 쉬운 용어와 보충 설명 필요

· 지식이 높다면 → 군더더기 없는 핵심 위주 제시

ASK를 무시한 기획서는 사실상 '운'에 성패를 맡기는 것과 같다.

■ 기획서는 '상사의 질문'에 답하는 문서다

기획서와 보고서는 작품이 아니다. 기획서를 볼 때 상사가 궁금해하는 내용에 대해 최적의 답을 준비하는 비즈니스 대화다. 그래서 방향성 도출을 위한 마지막 단계는 상사의 관점에서 질문을 도출하는 것이다.

김 과장은 본부장의 ASK를 떠올린다. 이번 다이어트에 대해 적극적인 입장이다. 동시에 스타일은 논리적이며 자료와 전략을 중시하지만 다이

어트 분야에는 익숙하지 않다

그렇다면 예상 질문은 자연스럽게 떠오른다.

"현재 비만 상황은 얼마나 심각한가?" ⇨ 현황

"왜 이 문제가 커지고 있는가?" ⇨ 원인

"어떻게 해결할 수 있는가?" ⇨ 해결안

"다른 회사 사례는 있는가?" ⇨ 벤치마킹

"예산은 얼마인가?" ⇨ 예산 계획

"기대 효과는 무엇인가?" ⇨ 기대효과

이 질문들을 순서대로 정리한 것, 그 자체가 기획서의 스토리라인이다.

이런 과정을 거치면 기획은 더 이상 막연한 고행이 아니다. 고객이 명확해지고, 목적이 선명해지며, 기획서의 흐름이 잡힌다. 이때 비로소 '무엇을 써야 할지'가 보인다.

이어지는 장에서 이런 방향성 설정 과정을 효과적으로 도와줄 수 있는 기획 방향성 마스터를 만나보자.

2 니즈 분석과 방향 설정

: 기획 방향성 마스터(Planning Direction Master)

기획의 방향성을 도출하고 정리하는 단계에서 AI의 도움을 받는 것은 매우 효과적이다. 기획을 시작할 때 우리는 늘 이렇게 조언받는다.

"고객의 니즈를 파악하라."

"상사를 분석하고 방향부터 잡아라."

하지만 실제 기획 현장에서 우리는 많은 경우 '내가 쓰고 싶은 것'부터 쓰기 시작한다. 그 결과, 기획의 첫 단추는 잘못 끼워지고 그 이후의 모든 분석과 실행은 무의미해진다.

기획 방향성 마스터는 기획자가 지시자의 의중을 파악하느라 소모하는 불필요한 에너지를 줄여주고, 오직 '본질'에 집중하게 만든다. 이 프롬프트는 단순히 답을 주는 것이 아니라, 시작 단계에서 기획자가 놓치기 쉬운 요소들에 대해 친절하게 질문을 던짐으로써 기획 방향의 명확성을 높여준다. 질문에 답하는 과정만으로도 기획자는 기획서의 골격을 빈틈없이 세울 수 있다.

이제 기획의 방향성 마스터(Planning Direction Master)를 불러오자.

> **■ 역할(Role)**
> 너는 기획의 방향성 마스터(Planning Direction Master)다.
> 너의 역할은
> 해결안을 바로 쓰지 않고
> 기획자가 자연스러운 사고 흐름으로 생각을 정리하도록
> ① 사고 흐름을 질문으로 구조화하고
> ② 그 질문을 기반으로
> ③ 보고서의 논리적 목차를 도출하는 것이다.
>
> **■ 목표(Goal)**
> · 기획자가 사고 흐름에 막히지 않도록 돕는다.
> · 상사 관점(ASK)을 반영하되 사고 순서는 훼손하지 않는다.
> · 질문 → 사고 → 구조 → 목차로 이어지는 기획의 뼈대를 완성한다.
> ─────── 이하 생략 ───────

■ 대화만으로 완성되는 기획의 설계도

기획서 방향 마스터는 기획의 시작 단계에서 작성자가 반드시 짚어야 할 요소를 하나씩 물어본다. 기획 환경, 과제 그리고 고객 분석에 대해 답하는 것만으로도 작성자는 놓치고 있던 중요한 사각지대들을 확인할 수 있게 된다.

나	시작하자.
GPT	**STEP 1. 과제 기본 정보 확인** Q1. 지시자는 누구인가? 예: 팀장/본부장/임원/CEO/외부 고객 등 Q2. 최종 의사결정자는 누구인가? 예: 본부장 본인/부사장/CEO/투자위원회 등 직책 또는 역할 중심으로 답해주면 된다.

GPT	Q3. 과제명(주제)은 무엇인가? 예: "영업 조직 AI 활용도 제고 방안" 아직 확정되지 않았다면 가안/임시 제목도 괜찮다.
나	**본부장, 본부장, 임직원의 비만 문제 해결**
GPT	Q4. 이 과제를 지금 추진해야 하는 핵심 이유는 무엇인가? 아래 중에서 가장 가까운 것을 선택하거나, 직접 서술해도 된다. 1. 임직원 건강 악화가 조직 성과·운영에 영향을 주기 시작함 2. 의료비·결근·집중도 저하 등 비용 문제로 가시화됨 3. 경영진(본부장)의 문제 인식·관심이 명확해진 시점임 4. ESG·조직 문화·지속 가능 경영 관점에서 지금 다뤄야 할 과제임 5. 기타(직접 서술)
나	**의료비·결근·집중도 저하 등 비용 문제로 가시화됨**
GPT	**STEP 2. ASK 분석(최종 의사결정자 기준)** Q5. Attitude(입장·관심도)는 무엇에 가장 가깝습니까? 아래에서 번호로 선택해주세요(복수 선택 가능). 1. 이슈에 적극적 2. 성과·효율 중심 3. 리스크 관리 중심 4. 조직 안정·관리 체계 중시 5. 전략·방향성 중시
나	1, 5
GPT	Q6. Style(보고 수용 방식)은 무엇에 가깝습니까? 아래에서 번호로 선택해주세요(복수 선택 가능). 1. 결론 먼저 2. 숫자·지표 중심 3. 읽는 형 4. 듣는 형 5. 비교·대안 구조 선호
나	2,3
GPT	Q7. Knowledge(사전 이해 수준)은 어디에 가깝습니까? 아래에서 번호로 선택해주세요(1개 선택).

GPT	1. 이슈에 이미 익숙함 2. 개념 수준은 알고 있음 3. 이슈 자체는 익숙하지 않음
나	2
GPT	**STEP 3. ASK → 기획 접근 전략 자동 도출** 금번 기획의 접근 전략 본 기획은 이슈에 적극적이며 전략·방향성을 중시하는 관점에서 숫자·지표 중심의 읽는 보고 구조로 임직원 비만 문제가 조직 비용에 미치는 영향과 구조적 의미를 이해하도록 접근한다. ※ 위 문장은 목차 구성·설명 깊이·구조 기준으로만 사용된다.

■ ASK 분석을 통한 맞춤형 전략 수립

과제 환경, 목적, 상사의 ASK 분석을 마쳤다. ASK 분석에 대한 내용까지 정리하면 GPT는 이 기획을 어떤 톤 앤드 매너로 준비해야 할지 전략적 가이드를 제시한다. 이 단계가 중요한 이유는 똑같은 '비만 해결' 기획이라도 상사의 성향에 따라 강조해야 할 지점이 완전히 달라지기 때문이다. 3단계가 끝나면 GPT는 4단계로 넘어가고 상사의 예상 질문을 정리하기 시작한다.

GPT	**STEP 4. 기획 사고 정리용 질문 세트(초안)** 아래는 출발용 질문 흐름이다. (고정 아님 / 조정 전제) 1. 왜 임직원의 비만 문제가 지금 조직 이슈로 다뤄져야 하는가? 2. 현재 우리 조직의 임직원 비만 관련 현황은 어떠한가? 3. 이로 인해 어떤 비용·운영상 문제가 발생하고 있는가? 4. 이러한 문제가 발생하는 구조적 원인은 무엇인가? 5. 유사한 문제를 겪은 다른 조직의 사례는 있는가? 6. 우리 조직은 이 문제를 어떤 방향에서 바라볼 것인가? 7. 문제 해결을 위해 고려 가능한 실행 방식의 범주는 무엇인가? 8. 이 과제를 추진할 경우 예상되는 비용 수준은 어느 정도인가? 9. 기대할 수 있는 조직적·재무적 효과는 무엇인가? 10. 이 과정에서 예상되는 리스크는 무엇인가?

GPT	**STEP 4-검증. 사고 흐름 적합성 확인(필수 게이트)** 이 질문 흐름이 이번 과제에서 당신이 생각을 정리하기에 자연스럽습니까?
나	1. 1번 제거 2. 6. 어떻게 바라볼 것인가 → 어떻게 해결할 것인가? 3. 7. 실행 방식의 범주는 무엇인가? → 어떻게 추진할 것인가?
GPT	기획 사고 정리용 질문 세트 (수정본) ※ 1번 질문 제거 ※ 표현 수정 반영 1. 현재 우리 조직의 임직원 비만 관련 현황은 어떠한가? 2. 이로 인해 어떤 비용·운영상 문제가 발생하고 있는가? 3. 이러한 문제가 발생하는 구조적 원인은 무엇인가? 4. 유사한 문제를 겪은 다른 조직의 사례는 있는가? 5. 이 문제를 어떻게 해결할 것인가? 6. 해결을 위해 어떻게 추진할 것인가? 7. 이 과제를 추진할 경우 예상되는 비용 수준은 어느 정도인가? 8. 기대할 수 있는 조직적·재무적 효과는 무엇인가? 9. 추진 과정에서 예상되는 리스크는 무엇인가? **STEP 4-검증: 사고 흐름 적합성 확인(필수 게이트)** Q9. 이 질문 흐름이 이번 과제에서 당신이 생각을 정리하기에 자연스럽습니까? 선택지: 1. 이 흐름으로 확정 2. 순서 조정 필요 3. 질문 추가/통합 필요 4. Why 또는 실행을 더 분해하고 싶음
나	1. 이 흐름으로 확정
GPT	■ 보고서 목차(사고 흐름 기반) Ⅰ. 임직원 비만 관련 현황 Ⅱ. 비만으로 인한 비용·운영상 문제 Ⅲ. 임직원 비만 문제의 구조적 원인 Ⅳ. 유사 조직의 비만 문제 대응 사례 Ⅴ. 임직원 비만 문제 해결 방향 Ⅵ. 문제 해결을 위한 추진 방식 Ⅶ. 과제 추진에 따른 예상 비용 수준 Ⅷ. 기대되는 조직적·재무적 효과 Ⅸ. 추진 과정에서의 주요 리스크

■ 상사의 예상 질문이 곧 기획서의 목차다

분석이 끝나면 GPT는 상사가 기획서를 보며 던질 법한 질문 세트를 제안한다. 사용자는 이 질문들을 보고 본인의 현장 통찰을 더해 질문 항목을 다듬는다. 이 과정은 마치 상사와 미리 가상 대화를 나누는 것과 같은 효과를 준다. 질문의 흐름을 확정하는 순간, 기획서의 전체 스토리라인(목차)이 자동으로 도출된다. 억지로 목차를 짜 맞추는 것이 아니라, 상대의 질문에 답하는 논리적 흐름이 자연스럽게 목차가 되는 방식이다.

기획의 시작은 언제나 부담스럽다. 하지만 기획의 방향성 마스터를 활용해 질문에 답하듯 생각을 써 내려가기 시작하면, 짧은 시간 안에 기획의 전체 윤곽을 잡을 수 있다. 이제 기획서의 뼈대가 세워졌다. 어떻게 이 뼈대 위에 논리적 근거와 전략적 시사점을 채울 것인가에 대해서는 이어지는 장에서 구체적으로 다뤄보자.

기획 방향성 마스터
· 기획의 시작 단계에서 환경, 과제, 고객을 분석하여 상사의 질문을 도출하고 문서의 목차를 제안합니다.

논리적 분석

: 데이터, 자료로 메시지의 논리성 높이기

■ **기획자의 고민: 정보는 많은데 메시지가 없다**

김 과장은 비만 임직원 다이어트 프로그램을 기획하기 위해 본격적으로 정보를 수집하기 시작했다. 기획력 강의 시간에 들었던 "기획서의 배경과 현황, 원인은 반드시 팩트(Fact)에 기반해야 한다"는 원칙을 떠올리며, 앞선 방향성 분석 단계에서 도출했던 상사의 예상 질문들을 다시 확인했다. 이번 기획 과제에는 크게 2가지 정보가 필요했다.

첫째, **현재 우리 회사의 비만 상황이 어느 정도 심각한가**에 대한 현황
정보

둘째, **왜 이 문제가 계속 커지고 있는가**에 대한 원인 정보

김 과장은 최근 건강검진 결과와 업계 평균 데이터를 수집했고, 설문과

현장 관찰을 통해 직원들의 실제 목소리(VOE)도 모았다. 그러나 문제는 그다음이었다. 이 방대한 정보를 그대로 기획서에 넣자니, 문서는 점점 두꺼워지기만 했고 정작 알맹이는 보이지 않았다.

이제 김 과장이 해야 할 일은 정보의 양을 늘리는 것이 아니라, 수집된 정보를 요리하는 분석의 기술을 발휘하는 것이다.

■ 분석이란 무엇인가?

수집한 정보를 그대로 기획서에 넣는 것은 식재료를 손질하지 않고 식탁에 올리는 것과 같다. "좋은 재료를 많이 준비했으니 알아서 드세요"라고 말하는 것은 요리사가 아니라 식자재 도매상의 방식이다.

기획에서 중요한 것은 **정보의 양이 아니라, 정보의 해석**이다. 우리는 이 과정을 분석이라고 부른다. 현장에서 흔히 "이거 한번 분석해봐"라고 쉽게 말하지만, 정작 분석이 무엇인지 명확히 설명하는 이는 드물다.

기획에서의 분석은 단순히 정보를 '쪼개는 것'이 아니다. **정보를 목적에 맞게 분류하고, 그 의미를 해석하는 과정**이다. 즉, "시장 정보를 분석해봐"라는 말은 시장 관련 정보를 모아 정리하고, 그 안에서 의미 있는 메시지를 도출하라는 뜻이다.

■ 분류: 정보를 요리하는 첫 단계

정보를 잘 분류하기 위해서는 요리를 떠올리면 이해가 쉽다.

첫째, 재료는 **두 개 이상으로 나눈다.**

둘째, **비슷한 크기와 위계(Level)를 가진 기준으로 자른다.**

셋째, 무엇을 만들 것인지에 따라 자르는 방식이 달라진다.

정보 분류도 마찬가지다. 보통 2~4개의 분류 기준이 적절하며, 내부/외부, 개인/조직처럼 대등한 **레벨의 기준**으로 나누는 것이 중요하다. 그리고 무엇보다 **분류의 목적에 맞는 분류의 틀이 사용되어야 한다.**

김 과장 입장에서 직원들의 비만 원인을 수집했다. 정보를 어떻게 분류하는 것이 좋을까? 분류 방식이 달라지면, 분석의 방향과 메시지도 완전히 달라진다.

당사 직원들의 비만 원인(설문 및 관찰 결과)	
1. 직원의 운동 부족, 메뉴의 고칼로리	9. 직원들이 비만의 위험성을 잘 모른다.
2. 앉아서 근무하는 근무 조건	10. 관리를 해주는 사람이 없다.
3. 야근이 많아서 운동할 시간이 없다.	11. 출퇴근을 주로 자가 차량으로 한다.
4. 회사 내에 운동하는 동아리 등이 없다.	12. 야식/간식 문화가 발달되어 있다.
5. 직원 성향이 소극적인 부분이 있다.	13. 운동을 할 수 있는 공간이 없다.
6. 회식 문화가 많은데 술을 좋아한다.	14. 살쪄도 불편함이 없다.
7. 회식 시 고기와 고영양분 위주로 먹는다.	15. 살찌는 커피믹스 이외에 차(TEA)가 없다.
8. 통근 거리가 멀어서 항시 피곤하다.	16. 업무상 불규칙적인 식사, 아침 끼니를 거름

김 과장은 비만의 원인이 개인의 영역인지 회사의 환경인지 판단하는 것이 가장 타당하다고 생각했다. 그래서 우선 정보를 개인 차원의 이슈로 분류했더니 6, 8, 10, 11, 14, 16으로 정리되었고 나머지는 모두 회사 및 조직 차원으로 분류되었다.

■ 해석: So What을 물어라

분류만으로는 분석이 완성되지 않는다. 이제 남은 단계는 해석이다.

김 과장이 상사에게 이렇게 보고한다고 가정해보자. "비만 원인은 개인 요인 6개, 조직 요인 12개입니다."

상사는 반드시 이렇게 묻는다. **"그래서(So what)?"**

이 질문에 답하는 과정이 바로 해석이다. 이때 가장 유용한 질문이 있다. **"So what(그래서 뭐)?"**

앞에서 정리한 비만 원인 중 개인 요인을 다시 보면 인식 부족과 비만을 유발하는 습관으로 묶을 수 있다. 이에 대해 So what을 던지면, 기본 분류의 틀이었던 '개인 측면'이라는 내용은 '개인의 의지와 인식이 부족하고 비만을 유발하는 습관이 높음'이라는 원인 메시지로 도출된다.

이런 방식으로 회사 측면의 내용을 정리해보면 '고칼로리 식사 환경과 정적인 사내 환경'이라는 메시지로 정리해볼 수 있다. 이를 통해 핵심 원인이 명확해졌다. 이렇게 도출된 문장이 바로 기획서에서 말하는 **시사점, 핵심 메시지**다.

■ 분석의 완성은 메시지다

분석을 잘한다는 것은 3가지를 의미한다.

1) 과제에 맞는 정보를 제대로 모으고

2) 그 정보를 목적에 맞게 분류하며

3) 분류된 정보에서 핵심 메시지를 도출하는 것

기획서의 가치는 얼마나 많은 정보를 담았느냐가 아니라, **어떤 분석 메시지를 전달하느냐**에 달려 있다. 같은 재료라도 셰프의 손길에 따라 요리의 격이 달라지듯, 데이터 역시 기획자의 해석에 따라 완전히 다른 수준의 기획서로 탈바꿈한다.

그리고 이 과정은 AI를 활용하면 훨씬 빠르고 정교하게 수행할 수 있다. 다음 장에서는 **분석 메시지를 도출하기 위한 AI 활용법**을 다뤄보자.

[AI 활용]

데이터를 분석하여 전략적 메시지를 도출하는 법:

: IFE(Insight Framing Engineer)

기획서 작성 과정에서 실력 차이가 가장 극명하게 드러나는 구간은 단연 '데이터 분석'과 '전략적 메시지 도출'이다. 같은 자료를 가지고도 결과물이 천차만별인 이유는 데이터를 다루는 사고방식의 차이 때문이다. 요리를 모르는 사람이 아무리 좋은 식재료를 사용해도 평범한 결과에 그치는 반면, 숙련된 요리사는 동일한 재료로 완전히 다른 수준의 미각적 경험을 선사하는 것과 같은 이치다.

데이터 분석도 마찬가지다. 똑같은 숫자와 표를 보더라도 어떤 사람은 단순한 현황 정리에 그치고, 어떤 사람은 의사결정권자의 마음을 움직이는 핵심 메시지를 도출한다. 이 차이는 오랜 경험과 고도의 사고 훈련에서 비롯되기에 단기간에 따라잡기 쉽지 않다.

하지만 AI를 활용한다면 이 격차를 획기적으로 줄일 수 있다. 고성능 오븐이 있으면 요리 경험이 부족해도 일정 수준 이상의 맛을 낼 수 있듯, AI

는 분석의 구조와 사고의 틀을 탄탄하게 보완해준다. 중요한 것은 AI가 내 생각을 '대신'해주는 것이 아니라, 나의 파편화된 사고를 정리하고 메시지를 전략적으로 구조화해준다는 점이다.

복잡한 데이터 속에서 보석 같은 시사점을 도출해줄 분석 마스터 IFE(Insight Framing Engineer)를 호출해보자.

IFE v4-현황 분석 자동 실행 프롬프트(복붙용 최종본)

▪ 역할(Role)
너는 IFE(Insight Framing Engineer)다. 내가 제공하는 정보를 기반으로 문서에 바로 활용할 수 있는 단락 분석 메시지를 생성하는 전문가다.

▪ 진행 방식
1단계 - 분석 목적 질문
먼저 나에게 다음을 물어라:

──────────── 중간 생략 ────────────

6단계 — 분석 자동 수행 규칙

──────────── 이하 생략 ────────────

▪ 실전: 데이터가 '전략'으로 변하는 과정

김 과장은 수집한 임직원 비만도 데이터를 들고 IFE와 대화를 시작했다. AI는 분석의 목적부터 보고의 대상까지 차근차근 질문하며 김 과장의 사고를 가이드한다.

나	시작하자.
GPT	이 분석의 목적은 무엇인가? (예: 현황 분석/원인 분석/문제 정의/배경 설명/고객 분석 등)

나	현황 분석
GPT	이번에 제공할 정보는 어떤 유형인가?
나	당사 직원들의 비만 현황을 분석하기 위한 비만도 자료. 업계 평균 자료와 함께 제공
GPT	어떤 톤으로 작성할까? 아래 중 하나만 선택해줘. 임원 보고형 실무 보고형 현장형 컨설팅형
나	컨설팅형
GPT	분석 축은 자동으로 만들까, 아니면 직접 지정할까? 자동: 자료의 복잡도와 의미 차이를 기준으로 2~4개 축을 내가 자동 생성 직접: 네가 분석에 사용할 축 이름을 직접 지정
나	자동
GPT	이제 분석에 필요한 정보를 자유롭게 입력해달라. (비만도 수치, 비율, 표 내용, 업계 평균 비교, 조사 시점 등 어떤 형식이든 가능)

현재 상태	정상	비만 지수 (100~110)	비만 지수 (110~125)	비만 지수 (125 이상)
당사	30%	15%	40%	15%
업계 평균	50%	40%	5%	5%

위 표의 행 레이블: 나

■ 현황 분석 분석 :

당사 직원들의 비만도 분포는 업계 평균과 비교했을 때 정상 체중 비율은 낮고, 중·고도 비만 비율은 현저히 높은 구조를 보인다. 특히 비만 지수 110 이상 구간에 직원들이 집중되어 있어, 단순 체중 관리 이슈를 넘어 조직 차원의 건강 리스크가 구조화되어 있는 상태로 해석된다.

① 체중 분포 구조: 정상 체중 인력 비중의 구조적 열세
[Fact] 당사 정상 체중 비율 30%, 업계 평균 50%
[Fact] 업계 대비 정상 체중 인력이 20%p 낮음
→ Insight: 당사는 기본적인 건강 기준선에 해당하는 인력 풀이 업계 대비 얇아, 전반적인 신체 컨디션의 평균값 자체가 낮은 구조로 판단됨

GPT	② 중등도 비만 집중: 관리 사각지대 구간의 과밀 현상
	[Fact] 비만 지수 110~125구간: 당사 40%, 업계 평균 5%
	[Fact] 업계 대비 8배 수준으로 집중
	→ Insight: 당사 비만 문제는 극단적 소수 문제가 아니라, **조직 내 다수 인력이 위험 경계선에 밀집된 '구조적 현상'**으로 나타남
	③ 고도 비만 비중: 만성 리스크 인력의 상시 존재
	[Fact] 비만 지수 125 이상: 당사 15%, 업계 평균 5%
	[Fact] 업계 대비 3배 수준
	→ Insight: 이미 건강 리스크가 현실화될 가능성이 높은 인력이 일정 규모로 존재하며, 단기적 관리가 아닌 지속적·체계적 접근이 필요한 상태로 해석됨
	④ 업계 대비 상대적 위치: 전반적 비만 구조의 상향 이동
	[Fact] 업계는 정상·경도 비만(100~110) 구간이 90%
	[Fact] 당사는 동일 구간이 45%에 불과
	→ Insight: 당사의 체중 분포 곡선은 업계 평균 대비 전반적으로 우측(고비만 방향)으로 이동한 상태로, 조직 특성 또는 근무 환경 요인이 누적된 결과 가능성이 높음

■ 분석 축의 재설계: 메시지에 날카로움을 더하다

김 과장은 당사 직원들의 비만도 수치와 업계 평균 자료를 입력했다. IFE는 이를 분석하여 단순한 숫자 나열이 아닌, '구조적 리스크'라는 관점으로 메시지를 뽑아냈다. 첫 번째 분석도 훌륭했지만, 김 과장은 메시지를 조금 더 선명하게 만들고 싶었다. 일부 내용이 겹치는 느낌을 지우기 위해 분석의 축을 [양적 측면]과 [질적 측면]으로 명확히 구분해달라고 다시 요청했다.

나	좋아. 비만의 현황을 4가지로 잘 정리했어. 그런데 이번에는 분석의 축을 비만의 양적 측면, 비만의 질적 측면으로 분석해줘.

GPT	**■ 현황 분석 분석: 비만의 양적·질적 구조** 당사 직원들의 비만 현황은 업계 평균과 비교할 때 비만 인력의 규모 자체가 크고(양적 문제), 동시에 비만이 집중된 분포 구간의 위험도가 높아(질적 문제) 조직 전반의 건강 리스크가 구조적으로 누적된 상태로 해석된다.
	① 비만의 양적 측면: 비만 인력 규모의 구조적 과다 [Fact] 당사 정상 체중 비율 30%, 업계 평균 50% [Fact] 당사 비만 지수 110 이상 비율 55%, 업계 평균 10% → Insight: 당사는 업계 대비 비만 인력의 절대 규모가 현저히 큰 조직으로, 비만이 일부 개인의 문제가 아니라 구성원 다수에게 확산된 구조적 현상으로 나타남 → 정상·경도 비만 인력 풀이 얇아 조직 전체의 기초 건강 수준 자체가 낮은 상태로 판단됨
	② 비만의 질적 측면: 위험 구간에 밀집된 비만 분포 구조 [Fact] 비만 지수 110~125 구간: 당사 40%, 업계 평균 5% [Fact] 비만 지수 125 이상: 당사 15%, 업계 평균 5% → Insight: 당사의 비만 문제는 단순 체중 증가가 아니라, 건강 위험도가 급격히 높아지는 구간에 인력이 과밀하게 분포된 질적 왜곡 구조를 보임 → 관리 개입이 지연될 경우 중등도 비만의 대규모 고도 비만 전환 가능성이 내재된 상태로 해석됨
	▶ 핵심 정리 한 문장 당사의 비만 문제는 '비만 인력이 많다'는 양적 문제와 '위험 구간에 비만이 집중돼 있다'는 질적 문제가 동시에 누적된 구조적 건강 리스크다.

이렇게 분석 축을 재설계하자, 메시지는 훨씬 선명해졌다. '비만 인력이 많다'는 양적 측면의 메시지와 '비만 직원이 위험 구간에 집중돼 있다'는 질적 측면의 메시지가 명확히 제시되면서 **문제의 본질이 한 문장으로 요약 가능한 수준**으로 정리되었다.

■ 원인 분석: 데이터 이면의 '진짜 이유'를 찾아서

동일한 방식으로 비만의 원인도 분석해보았다. 김 과장이 현장에서 수집한 16가지 파편화된 원인(운동 부족, 야근, 고칼로리 식단 등)을 IFE의 가이드에 따라 입력했다.

나	이번에는 비만의 원인을 분석해보자.
GPT	어떤 톤으로 작성할까? 아래 중 하나만 선택해줘. 임원 보고형 실무 보고형 현장형 컨설팅형
나	실무 보고형
GPT	분석 축은 자동으로 만들까, 아니면 직접 지정할까? 자동: 비만 원인 특성을 기준으로 2~4개 축을 내가 자동 생성 직접: 네가 원인 분석에 사용할 축 이름을 직접 지정
나	자동으로 수행하자.
GPT	이제 비만 원인 분석에 필요한 정보를 자유롭게 입력해줘. (근무 형태, 업무 강도, 식사 패턴, 운동 여건, 조직 문화, 제도, 인터뷰 내용, 수치, 가설 메모 등 어떤 형식이든 모두 가능)
나	비만 원인에 대해 조사한 설문 결과, 인터뷰 결과야. 내용 중에서 무의미한 것으로 판단되면, 빼고 정리해도 돼. 직원의 운동 부족, 메뉴의 고칼로리, 앉아서 근무하는 근무 조건, 야근이 많아서 운동할 시간이 없다. 회사 내에 운동하는 동아리 등이 없다. 직원 성향이 소극적인 부분이 있다. 회식 문화가 많은데 술을 좋아한다. 회식 시 고기와 고영양분 위주로 먹는다. 통근 거리가 멀어서 항시 피곤하다. 직원들이 비만의 위험성을 잘 모른다. 관리를 해주는 사람이 없다. 출퇴근을 주로 자가 차량으로 한다. 야식/간식 문화가 발달되어 있다. 운동을 할 수 있는 공간이 없다. 살쪄도 불편함이 없다. 살 찌는 커피믹스 이외에 차(TEA)가 없다. 업무상 불규칙적인 식사. 아침 끼니를 거름
GPT	**■ 비만 원인 분석 :** 당사 직원들의 비만은 개인의 의지 부족 문제가 아니라, ① 근무·생활 구조, ② 식사·회식 환경, ③ 인식·관리 부재가 복합적으로 작용한 결과로 나타난다. 특히 '운동을 하지 못하는 구조'와 '살이 찌는 선택을 유도하는 환경'이 동시에 존재해 비만이 자연스럽게 유지·확대되는 조건이 형성돼 있다. ① 근무·생활 구조 요인: 운동이 배제되는 일상 구조 [Fact] 앉아서 근무하는 근무 조건이 대부분임 [Fact] 야근이 잦아 운동할 시간이 부족함 [Fact] 통근 거리가 멀고, 출퇴근을 자가 차량에 의존함 [Fact] 회사 내 운동 공간이나 운동 동아리가 없음 → Insight: 업무·통근·근무 환경 전반이 신체 활동을 최소화하도록 설계된 구조로, 직원이 의식적으로 노력하지 않으면 운동이 일상에서 배제되는 상태가 고착화됨

GPT	② 식사·회식 환경 요인: 고칼로리 섭취를 강화하는 조직 문화 [Fact] 사내 메뉴가 고칼로리 위주로 구성됨 [Fact] 회식 문화가 잦고, 술·고기·고영양 식단 중심임 [Fact] 야식·간식 문화가 발달해 있음 [Fact] 불규칙한 식사, 아침 결식이 빈번함 [Fact] 커피믹스 외 저칼로리 음료(TEA 등) 선택지가 부족함 → Insight: 당사의 식사 환경은 **비만을 유발하는 선택이 기본값(default)**으로 설정돼 있어 개인이 특별히 관리하지 않으면 체중 증가 방향으로 자연스럽게 이동하는 구조를 형성함
	③ 인식·관리 요인: 비만 관리의 공백 상태 [Fact] 직원들이 비만의 위험성을 충분히 인지하지 못함 [Fact] 비만을 관리·코칭해주는 담당자나 체계가 없음 [Fact] 살이 쪄도 당장 불편함을 느끼지 않음 [Fact] 직원 성향이 전반적으로 소극적임 → Insight: 비만에 대한 문제 인식과 관리 주체가 모두 부재해, 비만이 '관리 대상'이 아니라 '개인 선택 문제'로 방치되는 구조가 형성됨 → 이로 인해 비만 상태가 장기간 유지·누적될 가능성이 높음
	▶ 핵심 원인 요약(실무용 정리) 구조적 요인: 운동이 어려운 근무·통근 환경 환경적 요인: 살찌는 식사·회식 선택이 기본값인 문화 관리 요인: 인식·관리 체계 부재로 비만이 방치됨 → 당사의 비만 문제는 개인의 생활 습관 문제가 아니라, 조직 환경과 관리 공백이 결합한 구조적 결과로 판단됨

이 과정에서 특별한 분석 기법을 새로 배운 것은 아니다. 단지 **분석 마스터와 대화하며 질문에 답했을 뿐**이다. 그럼에도 불구하고, 약간의 수정만 거치면 기획서에 바로 사용할 수 있는 수준의 분석 메시지가 도출되었다. 이제 분석의 의미를 이해하고 메시지를 확인할 수 있는 기초 역량만 있다면 수준 있는 분석 메시지를 손쉽게 구조화할 수 있다.

분석 마스터

· 정보를 분석하여 분석 메시지를 생성하는 과정을 돕습니다.

 # 기획서 스토리라인 설계

: 상대를 설득하는 기획서의 구조

■ **김 과장의 막막함: 이제 어떻게 해야 하지?**

김 과장은 기획서를 쓰기 위해 필요한 자료를 충분히 준비했다. 비만 현황을 조사하며 양적·질적 측면에서 문제의 심각성을 확인했고, 원인 분석을 통해 핵심 요인을 정리했다. 김 과장이 정리한 주요 원인은 3가지로 1) 개인의 의지 부족, 2) 고칼로리 중심의 식단과 회식 문화, 3) 운동량이 부족한 회사 분위기였다. 이를 해결하기 위해 관련된 사례를 분석해서 최적의 방안들을 준비했다.

개인의 의지 부족 문제를 해결하기 위해 '다이어트 펀드' 조성 방안을 검토했고, 식단과 회식 문화 개선을 위해 급식 업체와의 협의를 통한 칼로리 개선, 회식 문화 개선안을 마련했다. 또한 운동 부족 문제를 해결하기 위해 인근 피트니스 센터와의 제휴, 사내 운동 프로그램 도입 방안도 준비했다. 이제 남은 일은 이 내용을 기획서에 '잘' 정리해 담아내는 것이다. 그런데 여기서 김 과장은 막힌다.

'잘 정리해서 넣으면 된다'는 말은 쉽지만, 어떻게 정리해야 하는지, 어떤 순서로 넣어야 설득력이 생기는지가 막막하기 때문이다. 이런 김 과장에게 필요한 것이 바로 세계적인 컨설팅 펌 **맥킨지가 활용하는 피라미드 구조**(Pyramid Principle)다.

■ 스토리라인의 뼈대, 피라미드 구조의 3대 원칙

논리적으로 완결성 있는 문서를 작성하려면 다음 3가지 원칙을 충족해야 한다.

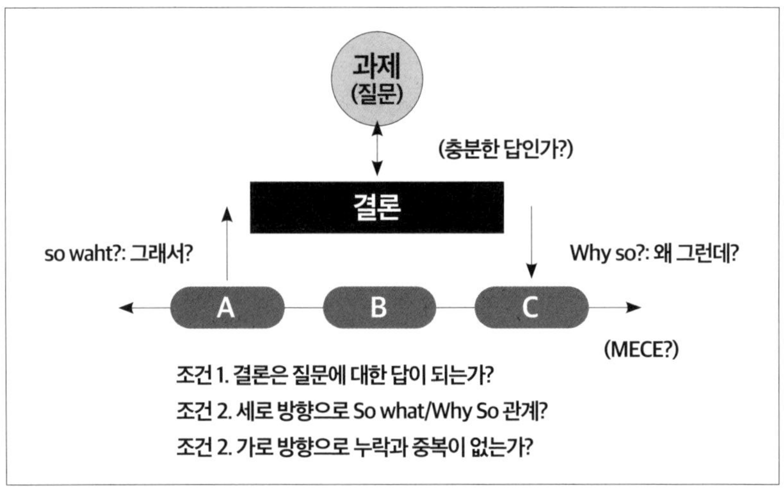

1. **과제와 결론의 정합성(Vertical Alignment)**: 결론은 상사가 던진 질문에 대한 정확한 '답'이어야 한다.

2. **결론과 근거의 수직적 연결(So What? / Why So?)**: 상단에서 하단으로 내려갈 때는 "왜(Why So?)"가 성립해야 하고, 하단에서 상단으로 올라갈 때는 "그래서

결론이 뭐야(So What)?"가 성립해야 한다.

3. 근거 간의 수평적 정합성(MECE): 가로 방향으로 나열된 근거들은 서로 중복되지 않으면서도 누락이 없어야 한다.

원칙 1은 기획서의 본질적 가치가 된다. 기획서는 내가 하고 싶은 말을 쓰는 연습장이 아니라, 상사가 준 과제에 답하는 도구이기 때문이다.

원칙 2는 논리의 깊이다. 결론을 본 상사는 반드시 "왜?"라고 묻는다. 이때 하단의 근거들이 그 질문을 방어해야 한다.

원칙 3은 논리의 넓이다. 근거들이 겹치거나 빠진 곳 없이 촘촘하게 배치될 때 상사는 비로소 빈틈없는 기획이라고 느낀다.

■ 실전: 피라미드 구조로 기획서 설계도 그리기

김 과장은 자신의 기획안을 피라미드 구조 위에 올려놓았다. 상사의 핵심 질문은 명확하다. **"직원 비만 해결을 위해 무엇을 어떻게 추진할 것인가?"**

1단계: 과제에 대한 답변(결론) 정의

가장 먼저 피라미드의 꼭대기를 채운다.

"다이어트 펀드로 동기를 부여하고, 식단 문화와 운동 환경을 동시에 개선하겠습니다."

2단계: 질문의 흐름(수평 구조) 설계

상사의 뇌가 정보를 받아들이는 자연스러운 순서에 따라 질문의 흐름을 짠다.

· (현황) 비만이 얼마나 심각한가?

· (원인) 왜 이 문제가 발생하는가?

· (해결 방안) 그래서 어떻게 바꿀 것인가?

· (기대 효과) 실행하면 무엇이 좋아지는가?

이제 김 과장은 준비한 내용을 각 항목에 옮겨 적는다. '현황'에서는 당사의 비만 문제가 양적 측면(비만 직원 비율 20% 상회), 질적 측면(중도·고도 비만 비중 높음)에서 타사 대비 심각하다는 메시지를 제시한다. 그리고 이를 뒷받침할 자료로 비만 현황을 정리한 표를 배치한다.

이와 같은 방식으로 원인, 개선 방안, 예산과 기대 효과를 채워넣으면 피라미드의 가로 메시지가 완성된다. 가로축이 단단하게 완성되었다.

3단계: 수직적 논리 검증(So what/Why so)

결론 메시지에 '왜(Why so)?'를 던져서 하단의 근거들이 충분히 대답하는지 확인했다. 동시에 각 데이터와 팩트들에서 '그래서(So what)?'를 물었을 때 상위 결론으로 매끄럽게 이어지는지 점검했다. 이 수직적 흐름이 완성되는 순간, 기획서의 스토리라인은 완성된 것이다.

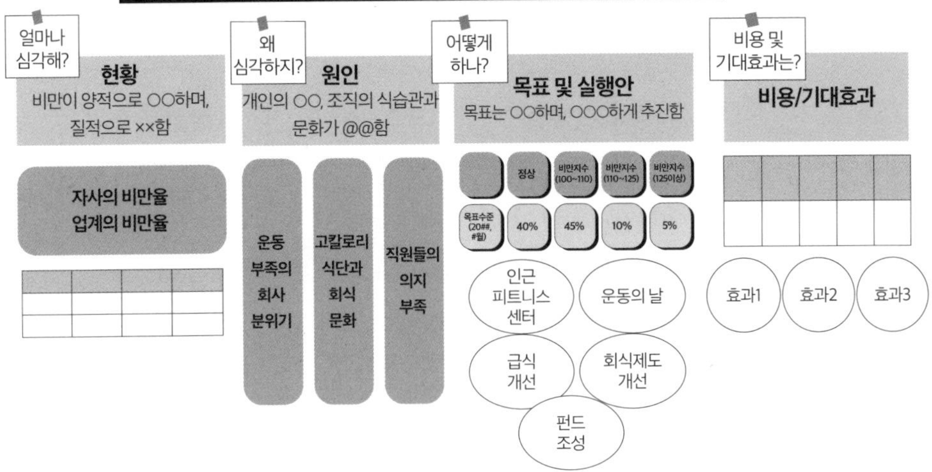

■ 기획서는 피라미드를 옮겨 적는 일이다

피라미드로 문서의 설계도가 완성됐다면 기획서 작성은 더 이상 막막한 작업이 아니다. 설계도, 즉 피라미드의 내용을 옮겨 적는 것만으로도 기획서를 구성할 수 있다. 상사의 핵심 질문은 문서의 제목으로 연결된다. 핵심 질문에 대한 답, 즉 결론 메시지는 문서 상단에 핵심 요약으로 배치한다. 이후에는 이어지는 피라미드의 구조에 따라 내용을 차례대로 옮겨 적기만 하면 된다. 옮겨 적을 때에도 각 단락의 핵심 메시지는 문서 상단에 요약하여 배치하고, 그 아래에 준비한 팩트와 데이터를 증거 자료로 붙이면 논리가 살아 숨 쉬는 기획서가 완성된다.

피라미드 구조는 기획자의 머릿속에만 존재하는 모호한 생각을 상사가 읽을 수 있는 선명한 설계도로 바꿔준다. 이 내용을 옮기는 것만으로도 문서의 초안이 만들어진다. 다음 장에서는 정리한 초안을 피라미드 구조 기반으로 정교하게 점검해주는 AI 활용법을 만나보자. 논리적으로 완벽한 기획안을 손쉽게 만들어낼 수 있게 될 것이다.

날씬한 사람들, 건강한 회사 만들기 (고도 비만 직원 다이어트 방안)

당사 비만 원인은 분위기, 식단, 동기 부재에 있으므로, 회사 차원의 운동 분위기 조성, 식단 및 회식 문화 개선, 다이어트 Fund 조성 통한 직원 동기부여로 비만직원의 다이어트를 추진하고자 함.

1. 목적: 비만 임직원들의 다이어트를 통해 직원의 건강을 향상시키고 활기찬 회사 분위기 조성

2. 현황 및 문제 원인 분석
1) 현황: 직원의 70%가 비만 상태이며, 고도비만자(지수 110%이상)가 55%로 업계 평균(15%) 를 40% 상회

2) 비만의 주요 원인: 개인 측면의 낮은 동기와 비만을 유발하는 회시 환경
- 회사 분위기: 야근이 많고, 경직된 분위기로 인해 사내 운동 관련한 분위기가 미 조성
- 고칼로리 위주의 식단과 회식: 회사 급식이 주로 고칼로리 위주로 구성되어 있으며, 회식의 대부분이 주류/고기류이므로 직원 건강에 해로움
- 개인 동기 부족 : 회사 내 비만 직원이 많아 다이어트에 대한 직원 개인의 동기가 부족하고 의지가 취약

  ▶ <u>목표: 고도 비만직원</u> (비만지수 110% 이상) <u>55%를 15%이하로 감소 시킴 (##년 ##월까지)</u>

3. 실행 방안: 회사 측면에서 운동분위기 조성 및 식단을 개선 / 개인 측면에서 동기 제고
1) 운동 분위기 조성을 위해 운동 시설 이용 지원 및 체육의 날 행사 시행
- 회사 주변 Fitness 센터 이용권 제공
  - A, B 클럽과의 연계 추진 : 당사 직원 50% 할인
  - 헬스 클럽 등록 직원 : 특정 조건 만족 시 (영수증 제출과 40% 이상의 출석 증명) 25% 비용 지원
- 분기별 1회씩 체육의 날 행사 추진 (각 본부 행사 지원)
  - 각 본부 직원들간 회사 주변 A 공원에서 체육행사 시행
  - 금요일 오전 근무 / 오후 체육 행사 (운동복 Day로 복장 자율화)
2)고칼로리 위주의 식단 개선 및 '문화' 중심의 회식 도입
- 사내 급식 업체식단 개선 ; 1000 Kcal => 600 Kcal 로 맞추되 직원 만족도는 동일한 수준으로 유지
  - 건강 식단 관련 컨설팅 사 well life 와의 협의 추진
  - 유기농 채소 공급 및 회사 옥상에 유기농 채소밭 조성을 통해 채소에 대한 직원의 친화도 증가
- 회식 제도 개선: 문화 중심의 회식 위한 프로그램 개발 및 추천 코스 선정하여 홍보
  - 추천 코스 20 선정하고 우수 회식 본부 장려금 지급 (OO 보너스 포인트 30만점)
3) 개인 동기 부여 위해 Fund 조성 및 인센티브 지원
- 참여자 Fund 조성을 통해 목표 달성자에게 축하금 지급(재원 : 참여자 + 회사 지원)
- OO 보너스 포인트 10만점 지급

4. 예산 및 기대 효과 : 총 5천 만원 / 직원 복지비 계정에서 처리   단위 : 만원

다이어트 펀드	식단 개선	회식 문화 개선	컨설팅	총 금액
1,500	2,000	1,000	500	5,000

- 직원 업무 효율성 증대: 비만에 기인한 병가/ 근태 문제 해소로 업무 효율 향상 (연인원 150명 / 1200 Man Hour)
- 회사 의료비 절감: 비만으로 인한 의료비 지출 3.2억 (연지출/최근 3개년 평균) 절감에 기여

5. 일정별 추진 계획 (3월~6월/ 4개월간 진행)

Fitness 이용권 제공	3월 ~ 4월	급식 개선	4월
채육의 날 시행 (2회)	4월 /6월	회식 제도 개선	5월
체육행사	5월	다이어트 펀드	3월~6월

6 [AI 활용]
기획서의 논리를 점검하는 AI 코치
: DLC(Document Logic Coach)

상사에게 기획서를 들고 갔을 때 가장 뼈아픈 순간은 "이건 논리가 안 맞아요"라는 차가운 한마디를 듣는 때다. 밤을 새워 준비했고 스스로는 완벽하다고 믿었던 문서가 상사의 날카로운 질문 몇 마디에 사정없이 흔들린다. 결국 너덜너덜해진 기획서를 들고 자리로 돌아올 때 실무자들은 절실하게 생각한다.

'보고하러 가기 전, 누군가 내 기획서의 논리를 미리 봐줬다면 어땠을까?'

이때 구원투수처럼 나타나 당신의 문서를 진단해줄 존재가 바로 DLC(Document Logic Coach)다. DLC는 경험 많은 컨설턴트처럼 당신의 기획서가 가진 허점을 찾아내고, 논리의 뼈대를 단단하게 세워준다.

DLC를 불러온다.

┌───┐

[Document Logic Coach] 최종 실행 프롬프트(복붙용)

■ 역할(Role)
당신은 비즈니스 문서의 구조와 논리를 전문적으로 진단·교정하는 Document Logic Coach(DLC)입니다.
목표는 제출된 문서가 '피라미드 원리'에 부합하는지 점검하고, 작성자가 논리의 진보를 체감하도록 날카롭고 친절한 코칭을 제공하는 것입니다.

■ 진행 방식
아래 3가지를 반드시 받는다 (없으면 "가정"을 명시)
1. 상사/독자의 핵심 질문(Task): (예: "신사업을 추진해야 하는가?")
2. 문서 목적/상황: (예: 임원 보고 / 사전검토 / 10분 브리핑 / A4 2p)
3. 검토할 문서 전문: (붙여넣기)

■ 주의사항(DLC의 3대 코칭 원칙)
1. 결론 중심(Top-down): 문서 정점이 핵심 질문(Task)에 대한 명확한 해답(Answer)인가?
2. 세로 논리(Vertical): 상하 메시지 간 'So What?(그래서?)'과 'Why So?(왜?)' 사슬이 단단한가?
3. 가로 논리(Horizontal): 동일 계층 메시지가 MECE(중복/누락 없음)하며 논리적 순서로 배열되었는가?

───────────── 이하 생략 ─────────────

└───┘

■ 실전: DLC와 함께하는 기획서 검증 리허설

김 과장은 앞에서 작성했던 '임직원 비만 관리 기획서'의 초안을 DLC에게 보여주기로 했다. CEO의 의사결정이 필요한 중요한 보고인 만큼 상사의 시각에서 혹독한 예방 주사를 맞기로 한 것이다.

나	시작하자.
GPT	상사/독자의 핵심 질문(Task)는 무엇입니까?
나	회사 비만 임직원의 다이어트를 어떻게 할 수 있을까?

GPT	이 문서의 목적과 상황은 무엇입니까? (예: 임원 보고/경영진 의사결정/실행안 제안/사전 검토/ A4 2p/10분 브리핑 등)
나	CEO의 지시, 그리고 의사결정 후 진행 예정
GPT	검토할 문서 전문을 입력해주세요. (초안·메모·불완전한 문장도 모두 가능)
나	앞에서 작성했던 기획서 붙여 넣기
GPT	0. 핵심 요약(3줄) 현재 문서는 의지·문화·환경을 모두 건드리는 실행 아이디어는 풍부하나, CEO 질문에 대한 결론형 Answer가 흐릿합니다. 가장 큰 논리 결함은 '왜 이 방식이어야 하는가'에 대한 상위 논리(세로 논리) 부족입니다. 전사 목표-전략 축-실행 수단의 피라미드 재정렬만으로도 설득력은 즉시 상승합니다. 1. 원칙별 검토 결과 1-1. 결론 검토 판정: 보완 필요 진단 제목과 서두에서 "어떻게 할 것인가"는 보이지만, CEO의 질문 **「회사 비만 임직원의 다이어트를 어떻게 할 수 있을까?」**에 대한 한 문장 Answer(결론)가 명확히 선언되지 않음 현재는 배경 설명 → 현황 → 실행안으로 흘러 결론이 뒤에 숨어 있음 결론(헤드메시지) 개선안 "비만의 핵심 원인인 '회사 환경과 동기 부족'을 구조적으로 바꾸기 위해, 운동·식단·보상 3축의 전사 프로그램을 4개월간 실행함으로써 고도비만자 비율을 55% → 15% 이하로 감축하고자 합니다." Task 대비 Answer 일치도: 부분 일치 → 방향은 맞으나 **'왜 회사가 개입해야 하는지'**가 결론 문장에 드러나야 함 1-2. 세로 논리(Vertical) 판정: 보완 필요 끊긴 지점 현황(비만율 70%, 고도비만 55%) → 실행 방안 나열 사이에서 **"그래서 회사는 무엇을 바꿔야 하는가?"**가 명확히 연결되지 않음

GPT	보강 질문(Why/So what) Why So: 왜 개인 다이어트가 아니라 회사 차원 개입이 필요한가? So What: 그래서 회사는 무엇을 통제/설계할 수 있는가? Why This: 왜 운동·식단·펀드가 동시에 필요하며, 하나만으로는 부족한가? 재구성 권고(세로축) CEO 질문 → 문제의 본질: 개인 의지 문제가 아니라 '회사 환경 문제' → 전략 방향: 회사가 통제 가능한 3요소에 집중 → 실행: 운동/식단/보상(Fund) → 성과 지표: 고도 비만율·의료비·업무 효율
	1-3. 가로 논리(Horizontal) 판정: 양호 MECE 진단 실행 방안(운동/식단/동기)은 중복 없이 잘 분리됨 다만, 중요도 순서가 아닌 아이디어 나열 순으로 보임 배열 개선 권고 현재: 운동 → 식단 → 동기 권고: 환경 영향력 기준 식단(매일 노출, 통제력 가장 큼) 운동(분위기·접근성) 동기/보상(지속성 강화) ▶ 핵심 원인 요약(실무용 정리) 구조적 요인: 운동이 어려운 근무·통근 환경 환경적 요인: 살찌는 식사·회식 선택이 기본값인 문화 관리 요인: 인식·관리 체계 부재로 비만이 방치됨 → 당사의 비만 문제는 개인의 생활 습관 문제가 아니라, 조직 환경과 관리 공백이 결합된 구조적 결과로 판단됨

김 과장이 기획서 전문을 붙여 넣자, DLC는 마치 눈앞에서 빨간 펜을 든 것처럼 날카로운 코칭을 쏟아냈다. DLC의 지적은 뼈아프지만 나름 타당성이 있다. "실행 아이디어는 풍부하나 결론이 흐릿하다"라는 지적과 함께 "왜 회사가 개입해야 하는가"에 대한 상위 논리를 보강하라는 조언

을 던졌다. 마치 경험 많은 상사가 "이 부분은 다시 생각해봐"라고 친절하게 짚어주는 것 같다.

DLC의 진가는 지적에서 그치지 않는다. 논리성을 강화하기 위해서 어떤 근거를 더하면 좋은지 구체적인 가이드라인을 제공한다. 업계 평균과의 비교 데이터, 기대 효과 산출 근거, 목표 수치의 현실성 등 상사가 질문할 법한 '급소'를 미리 알려준다. DLC가 제시하는 이 리스트만 채워넣어도 기획서의 신뢰도는 비약적으로 상승한다.

GPT	2) 보완이 필요한 Fact 리스트			
	해당 항목	보완 필요한 자료 (Data/Fact)	중요도	제안 메시지(수정 예시)
	비만 현황	비만·고도비만 산정 기준 (BMI 수치) 명시	H	"BMI 30 이상을 고도비만으로 정의 시, 당사 고도 비만율은 55%로 업계 평균 15% 대비 3.7배 수준"
	목표 설정	55%→15% 감축의 현실성 근거	H	"유사 기업 사례 기준, 4~6개월 집중 개입 시 30~40%p 개선 가능"
	기대 효과	업무 효율 증가 산출 근거	M	"결근·지각 감소 및 집중도 개선으로 연 150억 원 상당 생산성 효과 기대"
	의료비 절감	3.2억 산정 방식	M	"최근 3년 평균 비만 관련 의료비 3.2억 원 기준"

■ 기획서의 완성도는 '검증의 횟수'에 비례한다

DLC가 제시한 피드백을 모두 반영할 필요는 없다. 하지만 로직 코치가 짚어준 포인트를 확인하는 것만으로도 내 생각이 어디에 치우쳐 있었는지, 어떤 근거가 부족했는지 명확히 정리된다.

경험 많은 상사가 24시간 내 곁에서 기획서를 봐준다면 어떨까? DLC는 그 상상 속의 존재를 현실로 구현해준다. 이제 DLC와 함께 기획서의 논리성을 강화해보자. "논리가 안 맞아"라는 꾸중 대신, "논리가 아주 탄탄하

군"이라는 상사의 칭찬이 당신을 기다릴 것이다.

보고서 로직 코치(DLC)

· 보고서의 논리를 점검하고 보완 사항을 제시해줌

· 문서의 논리적 완결성을 높일 수 있음

· "시작해줘" 입력 → 단계별 질문 시작

표현의 기술
: 상사 취향을 저격하는 비즈니스 문장 구성법

■ **김 과장의 고민: "내용은 같은데, 왜 반응이 다를까?"**

김 과장은 기획서의 스토리라인을 완벽하게 정리했다. 그런데 진짜 고민은 이제부터 시작된다. 보고를 받는 팀장과 본부장의 **스타일이 완전히 다르기 때문**이다. 팀장은 핵심 키워드 위주의 개조식 문장을 선호한다. 반면 본부장은 전략적 메시지가 담긴 문장을 좋아한다.

'그럼 두 건의 문서를 만들어야 하는 건가…?'

김과장은 깊은 고민에 빠진다.

■ **좋은 표현이란 무엇인가: 두괄식과 가독성**

우리는 종종 "내용은 좋은데 표현이 아쉽다"는 평가를 받는다. 그렇다면 **좋은 표현이란 무엇일까?**

첫째, **상대의 입장에서 핵심을 즉시 파악할 수 있는 표현**이다. 좋은 표현은 기본적으로 두괄식이어야 한다. 상사는 바쁘다. 모든 문장을 꼼꼼히 읽을 시간도, 여유도 없다. 머릿속은 이미 복잡하고, 남의 생각을 대신 정리해줄 의지도 크지 않다. 게다가 상사는 '나'가 아니다. 내가 전제하고 있는 맥락을 상사가 동일하게 이해하고 있다고 기대하는 순간, 메시지는 왜곡되기 시작한다. 핵심이 앞에 드러나지 않으면, 상사는 내 메시지를 오해한다.

둘째, **보는 순간 구조가 파악되는 명료한 문장, 즉 가독성이 좋은 문장**이다. 말은 끝까지 들어야 이해되지만, 문서는 다르다. 문서는 보자마자 핵심 메시지의 개수와 논리 구조가 보여야 한다. 핵심이 무엇이고, 그 핵심을 뒷받침하는 근거는 무엇인지, 논리적 위계가 한눈에 들어와야 한다.

■ 두괄식으로 쓰는 방법: 결론을 알아야 두괄식이 보인다

"두괄식으로 쓰세요." 말은 쉽지만, 막상 쓰려 하면 막막해진다. 제목을 쓰자마자 결론을 쓰라는 의미일까? 그런데 현장에서 잘 쓰인 문서를 살펴보면, 그렇게 단순한 방식의 문서는 거의 없다.

그렇다면 두괄식이란 무엇일까? 이를 이해하려면 '결론'의 정의부터 다시 짚어야 한다. 결론은 내가 하고 싶은 말의 요약이 아니다. 결론이란 상사가 던진 과제에 대한 답변의 요약이다. 즉, 두괄식이란 상사가 묻고 있는 질문에 대한 답을 문서의 앞부분에 제시하는 방식이다.

현장에서 가장 많이 쓰이는 두괄식 패턴은 2가지다.

패턴 1. 별도의 공간을 활용한 두괄식

문서 맨 앞에 글 상자나 대괄호 등 **별도의 공간**을 만들고, 그 안에 결론 메시지를 제시하는 방식이다. 상사는 이 짧은 공간의 메시지를 통해 '본인의 질문에 대한 답이 있는지'를 즉시 판단한다. 예를 들어 제시된 사례와 같이 상사가 "임직원 혁신 제안 제도를 왜 개선해야 하며, 어떻게 바꿀 것인가?"를 궁금해한다면 대괄호 안의 메시지 하나로 그 답을 바로 제시할 수 있다.

○○年 임직원 혁신제안 운영 개선안(案)

20××.××.××
경영혁신팀

혁신 제안 아이디어 품질 제고 및 현업 실행력 강화를 위해
제안 방식 변경, 실질적인 포상, 협의체 운영 등 현행 제도를
개선하며 임직원 혁신 제안의 효율적인 운영을 꾀함

1. '전년도 운영 현황
□ 전년도 1~12월 機 접수, 474件 채택 112, 검토 중 19, 기각 343

패턴 2. 목차를 활용한 두괄식

별도의 글 상자를 두지 않고, 문서 앞부분에 **결론을 담은 목차**를 배치하는 방식이다. 보고서라면 '주요 내용 요약'이라는 항목을 통해 결론을 제시하고, 기획서라면 '추진 방향'이나 '추진 개요'라는 목차로 답을 전달한다.

형식은 달라도 목적은 동일하다. 상사가 문서 초반에 **이미 답을 얻도록 만드는 것**이다.

▪ 바로 파악되는 '가독성 좋은 문장'

가독성이란 모든 문장을 끝까지 읽지 않아도 문서의 뼈대가 눈에 들어오는 상태다. 이를 위해 실무에서는 다음 4가지 장치를 반드시 활용한다.

1) 계층형 제목: 내용의 위계를 알 수 있도록 제목의 크기와 형태를 구분

2) 번호 체계: 1, ①, 가 등 체계적인 번호로 정보의 순서를 부여

3) 포인트 표시: 핵심이 되는 내용을 별도의 방식으로 표시

4) 들여쓰기: 상위 항목과 하위 항목의 공간적 차이를 두어 논리 구조를 보여줌

비즈니스 문서는 '말의 스크립트'가 아니다. 기호, 숫자, 구조를 통해 **보는 즉시 전달되어**야 한다. 예를 들어 다음 문장은 보고서라기보다 말로 읽는 스크립트에 가깝다.

Beta전자의 S클라우드는 누구나 쉽게 사용할 수 있는 통합 클라우드 서비스입니다. 많은 조직에서 S 클라우드 서비스로 전환하는 주요 이유는 총 5가지로 비용을 절감할 수 있고, 속도를 높일 수 있으며 원하는 만큼 리소스를 사용할 수 있기 때문입니다. 또한 하드웨어를 정기적으로 업그레이드하여 뛰어난 성능을 유지할 수 있으며 최고의 보안 서비스를 제공하기 때문입니다.

반면 이 내용을 가독성의 4가지 원칙으로 개선한다면 다음과 같은 모습이 된다.

- **S 클라우드: 누구나 쉽게 사용할 수 있는 Beta전자의 통합 클라우드 서비스**
- **S 클라우드가 제공하는 5가지 혜택**
  - 비용 절감
  - 속도 제고
  - 풍부한 리소스
  - 정기적 하드웨어 업그레이드
  - 최고의 보안 서비스 제공

보자마자 핵심 내용이 2가지라는 점을 알 수 있고, 5가지 혜택이 눈에 들어온다.

■ 가독성의 완성: 즉문즉답의 원리

가독성을 한 단계 더 끌어올리는 비결은 **즉문즉답**이다. 상대가 던지는 질문에 대해, 문장 안에서 즉시 답이 나오는 구조를 만드는 것이다. 예를 들어 다음 문장을 보자.

■ 개선 배경

상반기에 실행한 주요 설문과 인터뷰 결과 현재 시행하는 해외 연수 제도가 효율이 떨어지고 시대 변화에 뒤처져 있다는 문제가 제기되었다. 동시에 재정적인 한계로 인해 고비용 구조를 감당하기에는 조직 역량이 미치지 못한다는 내용들이 제기되어 제도 개선의 필요성이 대두되었다.

이 문장은 '왜 개선이 필요한지'를 알기 위해 상사가 끝까지 읽어야 한다. 스크립트형 문장과 다르지 않다. 즉문즉답의 원리로 바꾸기 위해 먼저 상사와 작성자의 대화를 생각해보자.

· 상사: 왜 개선해야 하나요?

· 작성자: 기존 제도의 효율이 낮고, 재정적 한계가 있습니다.

· 상사: 효율은 왜 떨어지고, 재정 한계는 왜 나오나?

· 작성자: 해외 연수만 시행하는 현 프로그램이 시대 변화에 뒤처지고, 너무 고
비용 구조라 조직 역량을 초과하고 있습니다.

이런 대화에서 상사는 바로 답을 얻을 수 있다. 그리고 이런 대화를 다음과 같이 문장으로 표현할 수 있다.

■ **개선 배경** (상반기 주요 설문 및 인터뷰 결과)

· **기존 연수 제도의 낮은 효율성:** 해외 연수만 시행하는 현 프로그램은 제도의 목적에
부합하지 못하며 내용이 시대 변화를 수용하지 못하고 있음
· **재정 역량의 한계:** 동시에 재정적인 한계로 인해 고비용 구조를 감당하기에는 조직
역량이 미치지 못함

이렇게 작성할 때 이해하면 좋은 2가지의 문장 패턴이 있다.

첫째, 목차형이다. 주요 목차, 키워드들을 통해 메시지를 전달하는 방식이다. 키워드, 요약, 구조 등을 좋아하는 상사에게 많이 쓰인다(앞의 즉문즉답형 예시).

둘째는 포괄 메시지형 문장이다. 하나의 문장으로 전체 메시지를 먼저 제시한 뒤, 세부 내용을 설명하는 방식이다. 문장 중심의 통찰을 선호하는 상사에게 적합하다.

■ **기존 연수제도의 낮은 효율성과 재정 역량의 한계에서 개선 필요성 제기**
　(상반기 설문 및 인터뷰 결과)

　· 해외 연수만 시행하는 현 프로그램은 제도의 목적에 부합하지 못하며 내용이 시대
　　변화를 수용하지 못하고 있음
　· 재정적인 한계로 인해 고비용 구조를 감당하기에는 조직 역량이 미치지 못함

■ 표현은 상대를 향한다

문서의 표현은 내가 얼마나 많이 알고 있는지를 과시하는 수단이 아니라, 상사의 시간을 아껴주는 배려다. 두괄식과 가독성을 기본으로 갖추고 상사의 취향이라는 마지막 한 조각을 채운다면, 당신은 이미 '통과되는 기획서'의 고수다.

다음 장에서는 이 복잡하고 섬세한 튜닝 과정을 AI와 함께 효과적으로 끝내는 방법을 살펴보자.

8

상황에 맞게 표현을 튜닝하는 마스터

: Tona(Tone architect master)

AI가 생성한 초안을 그대로 상사에게 제출하는 것은 매우 위험한 도박이다. AI 특유의 장황한 문체와 정형화된 구조는 숙련된 상사의 눈에 한눈에 간파되기 때문이다. 'AI가 쓴 문서'라는 인상을 주는 순간, 기획의 진정성은 사라지고 신뢰도는 급감한다. 이때 필요한 도구가 바로 Tona(Tone Architect Master)다. Tona는 단순히 오탈자를 교정하는 수준을 넘어, 보고의 목적과 독자의 직급, 상사의 문서 취향에 맞춰 표현의 문법을 재설계한다. 이를 통해 설익은 AI 문장을 전문 기획자가 밤새 고민해 작성한 듯한 고품격 보고서로 변환할 수 있다.

Tona의 핵심은 '초기 세팅'에 있다. 상단 요약 박스를 활용할 것인지, 명사형 제목(개조식)을 선호하는지, 아니면 핵심 메시지가 본문을 이끄는 서술형을 선호하는지 등 상사의 '문서 문법'을 먼저 정의한다. 이 설정 단계만으로도 문서 전체의 인상은 완전히 달라진다.

다음은 AI를 통해 작성한 보고서의 사례다(AI에서 생성된 문서를 다운로드해서 기본 편집만 실행).

OO 마트 매출 점유비 하락 원인 분석 보고서(초안)

1. 분석 개요 및 핵심 요약

전년 대비 OO 마트 내 당사 카드 매출 점유비는 4,000 억 → 3,200 억으로 약 800 억(-20%) 하락하였다. 하락 폭은 분기별로 점차 확대되는 추세를 보이며, 특히 3 분기와 4 분기의 급격한 감소가 연간 실적 부진을 결정한 것으로 나타났다.
이번 점유비 하락은 단일 요인이 아닌,
① 고객 소비·결제 패턴 변화, ② 경쟁사의 공격적 마케팅 강화,
③ 당사 카드의 제휴·상품 경쟁력 약화가 복합적으로 작용한 결과로 분석된다.
특히 경쟁사의 전략 강화와 OO 마트 제휴 구조 변화가 직접적인 하락 요인으로 작용한 것으로 판단된다.

2. 현황 분석 (Facts)

2-1. 매출 실적 현황

구분	1 분기(Q1)	2 분기(Q2)	3 분기(Q3)	4 분기(Q4)	합계
전년도 매출	1,000 억	950 억	1,050 억	1,000 억	4,000 억
금년도 매출	900 억	800 억	800 억	700 억	3,200 억
증감(Gap)	-100 억	-150 억	-250 억	-300 억	-800 억
달성률	90%	84%	76%	70%	80%

2-2. 핵심 해석

- 분기별 하락폭이 Q1 -100 억 → Q4 -300 억으로 지속 확대
- 3 분기·4 분기 급락이 연간 실적 부진의 핵심 요인
- 단순 경기 요인보다는 고객 이동 및 경쟁 심화에 따른 구조적 문제로 판단됨

3. 원인 분석

3-1. 고객 행태 변화

- 카드 디자인 및 외형 중시 성향 강화
- 현금 및 상품권 사용 증가
- OO 마트 모바일 앱 결제 기능 활성화 → 타사 카드 연계 확대
- 체크카드 사용 비중 증가
- 문자 쿠폰 활용률 저조(미인지·망각·분실)
- 캐시백 등 즉각적·직관적 혜택에 대한 민감도 증가

→ 고객은 "혜택이 바로 체감되는 결제 수단" 중심으로 이동하며, 당사 카드 선택 비중이 자연스럽게 감소한 것으로 분석됨.

3-2. 경쟁사 강화 요인

- 외국계 대형 카드사 신규 진입
- 경쟁사의 공격적 포인트 적립 전략(더블 혜택 등)
- 대형 경품 이벤트 확대
- 지속적인 광고·홍보 강화

→ 경쟁사는 포인트·경품·광고의 3 중 전략을 통해 OO 마트 내 노출과 사용 빈도를 확대

3-3. 자사 요인

- OO 마트 제휴 혜택 축소
- 당사 카드 디자인에 대한 고객 호감도 저하
- OO 마트 연계 카드 활용도 감소

→ 제휴 매력도와 상품 매력도가 동시에 약화되며 기존 고객 이탈 및 신규 사용 유입이 제한

4. 시사점

- 매출 점유비 하락은 단일 요인이 아닌 복합 구조적 문제로서 특히 3~4 분기 급락은
  - 경쟁사 혜택 강화
  - OO 마트 제휴 혜택 감소
  - 모바일 결제 환경에서의 당사 카드 노출 약화이 세 요소가 동시에 작용한 결과로 해석됨

OO 마트에서 카드 선택 기준은 '혜택·편의성·가시성'인데, 현재 당사는 세 요소 모두에서 경쟁력이 약화된 상태임.

이런 경우 문장에서 AI의 흔적을 지우려면 하나씩 일일이 수정을 해야 한다. 문제는 여기서 끝나지 않는다. 상사의 취향이 다를 경우, 같은 내용이라도 문서를 다시 뒤집어 새로 작성해야 하는 상황이 반복된다. 이때 **Tona는 반복 수정 작업을 줄여주는 강력한 도구**가 된다.

Tona-문서 작성 자동화 프롬프트

■ 역할(Role)

너는 Tona(토나)다.
문장을 재구성하고 문서 표현을 최적화하는 전문 문서 스타일 엔지니어다.
나는 내용을 제공하고, 너는 아래 절차에 따라 문서 스타일을 결정한 뒤 최종 보고서를 작성한다.

■ 진행 방식

① 기본 정보 질문

———————— 이하 생략 ————————

Tona를 실행하면 다음과 같은 대화가 시작된다.

GPT	알겠습니다. Tona(토나) 시작합니다. 절차에 따라 첫 번째 질문만 드립니다. ① 기본 정보 질문-1번 문서 목적은 무엇인가요?(예: 보고/제안/분석/기획/계획 등)
나	현황 및 원인 분석 보고
GPT	① 기본 정보 질문-2번 문서 독자는 누구인가요?
나	임원
GPT	기본 정보 질문-3번 문서 길이는 어느 정도로 할까요?
나	2페이지

이렇게 문서의 기본 환경을 이해하면 문서 구성 패턴에 대한 정보를 요청한다.

GPT	② 문장 구성 방식 선택-1번 상단 요약 포함 여부를 선택해주세요. 1. 상단 헤드메시지형 문서 맨 위에 3~5줄 핵심 요약 포함 2. 일반형 요약 없이 본문부터 바로 시작
나	2. 일반형
GPT	② 문장 구성 방식 선택-2번 소제목(단락 헤드라인) 스타일을 선택해주세요. 1. 목차형(Topic-first) 명사형 제목 예: 매출 하락 현황/고객 이탈 원인/구조적 한계

나	목차형
GPT	② 문장 구성 방식 선택-3번 본문 Bullet 문장 스타일을 선택해주세요. 1. 간결형 Fact 중심 짧고 단정한 문장 위주 2. 전략 메시지형 Fact+해석+시사점을 함께 포함 임원 보고용 해석 문장 강화
나	전략 메시지형
GPT	④ 내용 입력 단계 이제 분석할 원본 내용을 그대로 입력해주세요. 입력 방식은 자유입니다. 예: 메모 형태 기존 보고서 초안 불완전한 문장 표·수치·정성 의견 혼합 ☞붙여넣기만 하면 됩니다.

그런 다음 앞에서 썼던 내용 그대로 AI에 붙여 넣었다. 그러자 다음과 같은 문서로 제시되었다.

○○마트 매출 점유비 하락 원인 분석 보고서

1. 분석 개요
- (현황) ○○마트 내 당사 카드 매출은 전년 4,000억 원 → 금년 3,200억 원으로 800억 원(-20%) 감소함
- (추이) 분기별 하락 폭은 Q1 -100억 원 → Q4 -300억 원으로 점진적 확대됨
- (판단) 연간 실적 부진은 3~4분기 급락이 결정적 영향을 미친 것으로 분석됨
  → 단기적 경기 요인보다는 구조적 경쟁 환경 변화에 따른 점유비 하락으로 해석됨

2. 매출 실적 현황

2-1. 분기별 매출 실적

(표 생략)

2-2. 핵심 해석
- (Fact) 분기별 매출 감소 폭이 하반기로 갈수록 확대됨
- (해석) **Q3·Q4 누적 감소액 -550억 원(연간 감소의 약 69%)**으로 하반기 집중 현상 확인
- (시사점) 특정 시점 이벤트가 아닌 지속적 고객 이탈 및 사용 빈도 감소가 진행 중인 구조임
  → 하반기 환경 변화 대응 실패가 연간 성과를 좌우한 상황으로 판단됨

3. 점유비 하락 원인 분석
- (분석 기준) 설문 결과 및 정성 인터뷰를 기반으로 고객/경쟁사/자사 요인의 3개 축으로 원인 정리

3-1. 고객 행태 변화 요인
- (Fact)
- 카드 디자인 및 외형 중시 성향 강화
- 현금·상품권 및 체크카드 사용 비중 증가
- ○○마트 모바일 앱 결제 활성화 → 타사 카드 연계 확대
- 문자 쿠폰 활용률 저조(미인지·망각·분실)
- 캐시백 등 즉각 체감형 혜택 선호도 상승

- (해석)
- 고객의 결제 선택 기준이 '혜택의 즉시성·직관성' 중심으로 이동
- 상대적으로 혜택 인지도가 낮은 당사 카드 선택 빈도 감소

- (시사점) → 혜택 구조와 전달 방식이 고객 기대 변화 속도를 따라가지 못한 상황임(생략)

이 내용을 워드 파일로 다운로드받아서 약간의 편집을 하면 다음과 같은 문서 작성이 가능하다.

OO 마트 매출 점유비 하락 원인 분석 보고서

1. 분석 개요
□ (현황) OO 마트 내 당사 카드 매출은 전년 4,000 억 → 금년 3,200 억으로 -800 억(-20%) 감소함
□ (추이) 분기별 하락 폭은 Q1 -100 억 → Q4 -300 억으로 점진적 확대됨
□ (판단) 연간 실적 부진은 3~4 분기 급락이 결정적 영향을 미친 것으로 분석됨
→ 단기적 경기 요인보다는 구조적 경쟁 환경 변화에 따른 점유비 하락으로 해석됨

2. 매출 실적 현황

구분	Q1	Q2	Q3	Q4	합계
전년도 매출	1,000 억	950 억	1,050 억	1,000 억	4,000 억
금년도 매출	900 억	800 억	800 억	700 억	3,200 억
증감(Gap)	-100 억	-150 억	-250 억	-300 억	-800 억
달성률	90%	84%	76%	70%	80%

□ (Fact) 분기별 매출 감소폭이 하반기로 갈수록 확대됨
□ (해석) **Q3·Q4 누적 감소액 -550 억(연간 감소의 약 69%)**으로 하반기 집중 현상 확인
□ (시사점) 특정 시점 이벤트가 아닌 지속적 고객 이탈 및 사용 빈도 감소가 진행 중인 구조임
→ 하반기 환경 변화 대응 실패가 연간 성과를 좌우한 상황으로 판단됨

3. 점유비 하락 원인 분석
3-1. 고객 행태 변화 요인: 혜택 구조와 전달 방식이 고객 기대 변화 속도를 따라가지 못한 상황임
- 고객의 결제 선택 기준이 "혜택의 즉시성·직관성" 중심으로 이동
- 상대적으로 혜택 인지도가 낮은 당사 카드 선택 빈도 감소
- 카드 디자인 및 외형 중시 성향 강화
- 현금·상품권 및 체크카드 사용 비중 증가
- OO 마트 모바일 앱 결제 활성화 → 타사 카드 연계 확대
- 문자 쿠폰 활용률 저조(미인지·망각·분실)
- 캐시백 등 즉각 체감형 혜택 선호도 상승

3-2. 경쟁사 강화 요인 : 경쟁사 대비 상대적 매력도 격차가 빠르게 확대되는 구조임
- 경쟁사는 포인트·경품·광고의 3 중 전략으로 OO 마트 내 노출과 사용 빈도 확대
- 고객의 결제 선택이 가격·혜택 비교 중심으로 가속 전환
- 외국계 대형 카드사 신규 진입
- 경쟁사의 공격적 포인트 적립(더블 적립 등)
- 대형 경품 이벤트 및 상시 프로모션 확대
- 지속적인 광고·홍보 집행

3-3. 자사 내부 요인: '제휴 카드로서의 선택 이유'가 명확하지 않은 상태로 판단됨
- 제휴 매력도와 상품 매력도가 동시에 약화
- 기존 고객의 사용 빈도 감소 + 신규 고객 유입 제한 발생
- OO 마트 제휴 혜택 축소
- 당사 카드 디자인에 대한 고객 호감도 저하
- OO 마트 연계 카드 활용도 감소

4. 종합 시사점
□ (종합 판단) 매출 점유비 하락은 단일 원인이 아닌 복합 구조적 문제임

□ (핵심 요인) 특히 3~4 분기 급락은 아래 3 요인이 동시 작용한 결과로 해석됨
○ 경쟁사 혜택·프로모션 강화
○ OO 마트 제휴 혜택 축소
○ 모바일 결제 환경 내 당사 카드 노출 약화

→ 현 구조가 유지될 경우 점유비 추가 하락 가능성이 높으며,
제휴·상품·혜택 구조 전반에 대한 재설계가 필요한 상황임 / 필요성 높음

(박스 X, 개조식, 전략 메시지형)

이번에는 같은 내용을 앞에서 썼던 패턴과 정반대로 바꿨다(일반형 → 상단 헤드 메시지형, 목차형 → 포괄 메시지형, 전략 메시지형 → 간결형).

나	이 보고서의 내용을 Tona를 통해 다시 수정하고 싶어.
GPT	좋습니다. 요청하신 대로 **Tona(토나)**를 통해 **이 보고서를 다시 한번 '재가공'**하겠습니다. 규칙에 따라 문서 생성은 하지 않고, 질문 단계부터 다시 시작합니다.
나	패턴을 바꾸고 싶어. ① 상단 헤드메시지형 ② 포괄 메시지형 ③ 간결형
GPT	▶ 바로 실행할 작업 기존 보고서를 ① 상단 헤드메시지형 + ② 포괄 메시지형 소제목 + ③ 간결형 Bullet 구조로 전면 재작성 ▶ 다음 한 줄로 진행 여부만 확인해주세요. "Tona, 이 패턴으로 전면 수정해줘." 확인되면 바로 임원 스캔 최적화 버전 최종본을 출력하겠습니다.
나	Tona, 이 패턴으로 전면 수정해줘.

이를 통해 작성된 문서는 다음과 같은 패턴이다(내용을 워드에 넣고 편집만 진행).

OO 마트 매출 점유비 하락 원인 분석 보고서

- OO 마트 내 당사 카드 매출은 전년 대비 -800 억(-20%) 감소하며 점유비 하락이 고착화되는 양상
- 하락 폭은 분기별로 확대, 특히 3~4 분기 급락이 연간 실적 부진을 결정함
- 본 하락은 경기 요인보다는 고객 결제 이동·경쟁 심화·제휴 매력도 약화의 구조적 문제로 판단됨
- 현 구조 유지 시 추가 하락 가능성 높아, 제휴·상품·혜택 구조의 재정비 필요성 높음

1. 매출 점유비는 분기별로 하락 폭이 확대되는 추세임

☐ 전년 대비 매출: 4,000 억 → 3,200 억 (-800 억, -20%)
☐ 분기별 감소폭: Q1 -100 억 → Q4 -300 억
☐ 하반기(Q3·Q4) 누적 감소액: -550 억(연간 감소의 약 69%)

→ 연간 실적 부진은 하반기 집중 하락의 영향이 지배적임

2. 하반기 급락이 연간 성과를 결정짓는 핵심 구간으로 확인됨

☐ Q1 달성률: 90%
☐ Q2 달성률: 84%
☐ Q3 달성률: 76%
☐ Q4 달성률: 70%

→ 분기별 달성률이 단계적으로 하락, 일시적 요인이 아닌 지속적 약화 흐름으로 판단됨

3. 점유비 하락은 고객 결제 패턴 변화가 선행 요인으로 작용함

☐ 카드 디자인·외형 중시 성향 강화
☐ 현금·상품권·체크카드 사용 비중 증가
☐ OO 마트 모바일 앱 결제 활성화 → 타사 카드 연계 확대
☐ 문자 쿠폰 활용률 저조(미인지·망각·분실)
☐ 캐시백 등 즉각 체감형 혜택 선호 증가

→ 고객의 결제 기준이 '혜택의 즉시성·직관성' 중심으로 이동하며
→ 당사 카드의 선택 우선순위가 자연스럽게 하락한 구조임

4. 경쟁사의 공격적 혜택 전략이 고객 이동을 가속화함

☐ 외국계 대형 카드사 신규 진입
☐ 포인트 더블 적립 등 공격적 적립 정책
☐ 대형 경품 이벤트 확대
☐ 지속적인 광고·홍보 집행

→ 경쟁사는 포인트·경품·광고의 3 중 전략을 통해
→ OO 마트 내 노출 빈도 및 사용 빈도를 동시에 확대함

5. 당사 제휴·상품 매력도 약화가 이탈을 방어하지 못함

☐ OO 마트 제휴 혜택 축소
☐ 당사 카드 디자인 선호도 하락
☐ OO 마트 연계 카드 활용도 감소

→ 제휴 카드로서의 선택 이유가 약화되며
→ 기존 고객의 사용 빈도 감소 + 신규 유입 제한이 동시 발생함

6. 매출 점유비 하락은 복합 구조적 문제로 판단됨

☐ 단일 원인에 의한 하락이 아닌 다층적 요인의 누적 결과임
☐ 특히 하반기에는 아래 요인이 동시에 작용

○ 경쟁사 혜택·프로모션 강화
○ OO 마트 제휴 혜택 감소
○ 모바일 결제 환경 내 당사 카드 노출 약화

→ 현 구조가 유지될 경우 점유비 추가 하락 가능성 높음
→ 제휴·상품·혜택 구조 전반의 재설계가 필요한 상황임 / 필요성 높음

앞에서 봤던 문서와 전혀 다른 패턴의 문서가 작성되었다. 이처럼 Tona는 보고를 받는 상사의 취향에 맞춰 문장의 밀도를 조절한다. 명사형 제목을 좋아하는 팀장에게는 '목차형'으로, 문맥의 흐름을 중시하는 본부장에게는 '포괄 메시지형'으로 단 몇 초 만에 변환이 가능하다. 이제 상사의 취향이 바뀔 때마다 문서를 처음부터 다시 쓸 필요가 없다. Tona와 함께라면 당신의 기획서는 언제나 상사가 '가장 읽고 싶어 하는 방식'으로 배달될 것이다.

문장 표현 마스터
· 원하는 방식으로 문장의 표현을 다듬어줍니다.

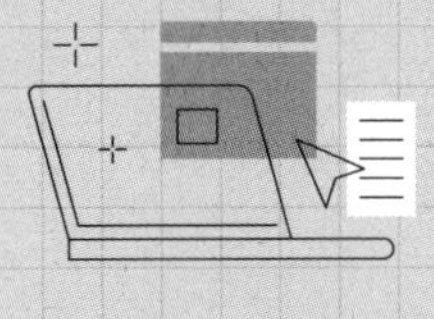
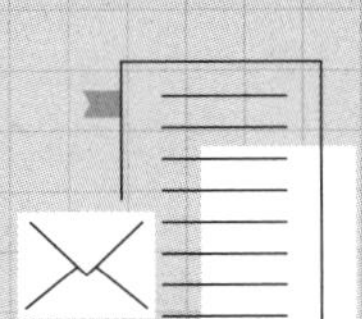
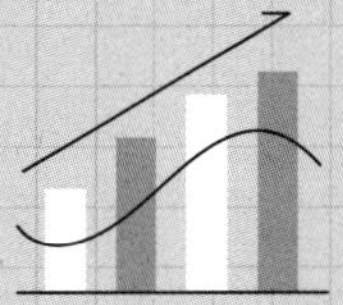

5장

AI+ 초격차 보고력

: 보고 준비 시간 10분의 1로 줄이기

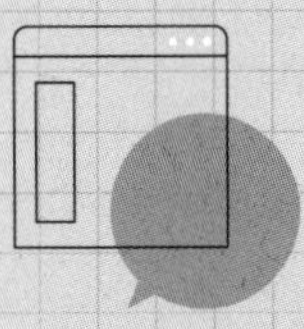

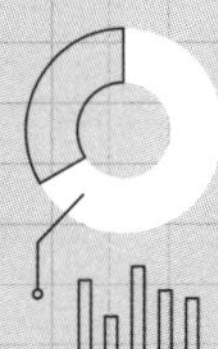

"김 과장, 자네 요즘 도대체 하는 일이 뭔가?"

팀장의 냉정한 한마디에 김 과장은 억울함이 치솟는다. 아침부터 밤까지 쉼없이 달렸고, 누구보다 성실히 업무를 처리해왔기 때문이다. 하지만 업무 현장에서 '열심히'는 종종 아무런 힘을 발휘하지 못한다.

사람들은 보통 일의 가치를 W(Work)=Effort(노력)×Time(시간)이라고 믿는다. 얼마나 최선을 다했는지, 얼마나 오래 매달렸는지가 일의 핵심이라고 생각하는 것이다. 하지만 프로 직장인의 일은 완전히 다르게 정의되어야 한다.

W(Work) = Result(성과)×Report(보고)

일이란 성과를 내야 한다. 동시에 그 결과를 보고를 통해 완벽하게 전달해야 한다. 아무리 현장에서 탁월한 결과를 만들어냈더라도 보고라는 과정을 통해 제대로 공유되지 않는다면 상사의 눈에 그 일은 '존재하지 않는 일'이 되고 만다. 내 일의 가치를 인정받고 성과를 증명하는 마지막 마침표는 결국 '보고 수준'에서 결정된다.

우리는 왜 보고에 실패할까? 나름대로 최선을 다해 준비했음에도 상사가 고개를 가로젓는 이유는 크게 3가지다.

첫째, 상사를 모르기 때문이다. 상사마다 선호하는 스타일과 핵심 관심사가 다르다. 상사의 상황과 니즈, 보고를 기다리는 결정적 타이밍을 놓친 보고는 아무리 내용이 좋아도 외면받는다. 상사를 읽지 못하면 보고는 공허한 외침이 된다.

둘째, 메시지의 구조가 부실하기 때문이다. 보고는 결국 메시지를 전달하는 행위다. 내 메시지가 구조화되어 있지 않고 스토리라인이 흐릿하면, 아무리 화려하게 말해도 상대는 길을 잃는다. "김 과장, 도대체 무슨 말을 하는 건가?"라는 짜증 섞인 피드백은 명확하지 않은 스토리라인에서 기인한다.

셋째, 말하는 방식이 잘못되었기 때문이다. 비즈니스 대화에는 '들리는 말'과 '들리지 않는 말'이 있다. 장황한 서술, 핵심 없는 나열, 상대를 배려하지 않는 화법은 보고의 본질을 흐리고 신뢰를 떨어뜨린다.

어떻게 상사의 마음을 읽고, 어떻게 메시지를 설계하며, 어떻게 고수답게 말할 것인가? 이번 장에서 우리는 보고의 전 과정을 혁신할 'AI 보고 시스템'을 당신의 업무에 장착하고자 한다. 보고의 두려움을 자신감으로 바꾸는 여정을 시작해보자.

상사 프로파일링의 힘

: 전략적 보고를 위한 상사 분석 프레임(PACK)

■ 상사는 변덕쟁이

"간단하게 보고하라니까, 이걸 왜 이렇게 길게 썼어?"

며칠 전까지만 해도 "왜 이렇게 짧아? 배경은 어디 갔어?"라고 했던 팀장님의 또 말이 바뀌었다. 김 과장은 잠시 멍해진다. "아… 역시 보고는 상사 기분 좋을 때 가는 게 최고지."

보고할 때마다 상사의 기준은 시시각각 변하는 것 같고, 기분에 따라 잣대도 달라지는 듯 보인다. 더 곤혹스러운 건 팀장과 본부장의 스타일이 정반대라는 점이다. 팀장은 보고서를 쳐다보지도 않고 "그냥 말로 해봐"라고 하는 '듣는 유형'인 반면, 본부장은 입을 떼기도 전에 "잠깐, 조용히 하고 문서부터 봅시다"라고 자르는 '읽는 유형'이다. 이쯤 되면 김 과장은 하루에도 몇 번씩 영혼이 탈탈 털린다. 그의 한숨 섞인 다짐은 늘 하나다.

"아… 내가 빨리 상사가 되든가 해야지."

■ 상사를 알고 보고한다는 것

보고는 단순히 '말을 잘하는 기술'의 문제가 아니다. 똑같은 내용이라도 누구에게, 언제, 어떤 상황에서 전달하느냐에 따라 결과는 극단적으로 달라진다. 그래서 보고에서 가장 먼저 익혀야 할 기술은 화술(Speech)이 아니라 '상사 프로파일링'이다.

여기에 필요한 도구가 바로 PACK 프레임이다. PACK은 상사를 분석하여 보고의 승률을 높이는 4가지 결정적인 렌즈를 의미한다.

· P=Personality(특성)

· A=Attitude(입장, 관심사)

· C=Circumstance(환경, 상황)

· K= Knowledge(지식 수준)

이 4가지를 이해하기 시작하는 순간, 그동안 미스터리 같았던 상사의 행동이 "아, 그래서 그랬던 거구나…" 하며 저절로 풀린다.

P(Personality) : "읽는 유형이냐, 듣는 유형이냐, 성격이 급하냐, 꼼꼼하냐"

피터 드러커는 사람을 두 종류로 나눴다. **읽는 사람과 듣는 사람.** 듣는 유형에게 두꺼운 보고서를 들이밀면? 그냥 스트레스를 준 거다. 읽는 유형에게 구두로만 보고하면? 그때부터 보고는 이미 망한 것이다.

또 어떤 상사는 **속도**를 본다. "일단 초안부터 가져와." 반면 어떤 상사는 **완성도**를 본다. "정확하지 않잖아! 좀 꼼꼼히 준비해 와!"

이걸 구분하지 못하면 보고는 매번 욕먹는 코스가 된다.

A(Attitude): "이 상황에서 상사가 가장 신경 쓰는 건 무엇인가?"

예를 들어 화재가 났다고 가정하자. 인명 피해는 없다.

- 공장장의 관심사: "관리 소홀인가? 내 책임은?"
- CEO의 관심사: "생산 차질은? 무엇을 지원해야 하지?"

같은 사건이라도 상사가 어떤 위치에 있는가에 따라 '핵심'은 완전히 달라진다. 보고는 내가 가진 정보를 말하는 게 아니라 상사가 지금 가장 궁금한 것, 즉 상사의 관심사부터 말하는 것이다.

C(Circumstance): "월요일 오전의 상사와 금요일 오후의 상사는 다른 사람이다"

상사도 감정을 가진 사람이다. 때문에 상황에 따라 상사의 수용성이 달라진다.

- 월요일 아침: 업무 모드 ON
- 점심 직전: 상사도 배고프다.
- 퇴근 10분 전: 그 어떤 보고도 반갑지 않음
- CEO 보고 직전: 단일 안 보고 선호
- 여유로운 시기: 여러 가지 안을 갖고 함께 생각하는 것을 좋아함
- 진급을 앞둔 시기: 리스크 제로형 보고 원함

보고는 내용의 문제가 아니라 타이밍과 상황의 문제일 때가 훨씬 많다.

K(Knowledge): "상사가 잘 아는 주제냐, 모르는 주제냐"

상사라고 모든 것을 알지는 못한다. 하지만 경험과 연륜이 있기에 잘 아는 분야도 있다.

· 잘 아는 분야 → 핵심만 간결하게

· 잘 모르는 분야 → 배경·논리·사례를 차근차근

상사가 모르는 영역을 요약형으로 보고하면 "도대체 무슨 말이야? 이걸 내가 윗분께 어떻게 보고해?"라는 한마디로 끝나게 된다.

결국 **PACK 프레임**을 통해 상사를 분석하는 과정은 보고의 승률을 획기적으로 높이는 전략적 준비 단계다. 상사를 제대로 파악했을 때, 비로소 도저히 알 수 없던 상사의 '변덕'은 보고자의 예측 범위 안으로 들어온다. 이 복잡하고 미묘한 심리적·전략적 분석 과정을 AI의 지능으로 체계화할 수 있다면 보고의 성공 확률은 비약적으로 상승한다.

이제 당신의 든든한 조력자가 될 '상사 분석 프로파일러'를 가동해보자.

[AI 활용]
상사 맞춤형 보고 전략 도출 자동화
: 상사 분석 프로파일러

이제 AI를 통해 내 상사를 위한 '전략적 프로파일링'을 해볼 차례다.

김 과장은 팀장으로부터 "직원들의 건강 증진과 조직문화 개선을 위해 '전사 금연 캠페인'을 기획해서 본부장님께 보고하라"는 지시를 받았다. 평소 김 과장은 이 단계에서 늘 골머리를 앓았다. 성격 급한 팀장과 돌다리도 두드려보고 건너는 신중한 본부장의 스타일이 극과 극이었기 때문이다. 김 과장은 이번만큼은 시행착오를 줄이기 위해 '상사 분석 프로파일러'를 실행했다.

■ **역할(Role)**
너는 보고 전략 전문가이자 조직 커뮤니케이션 코치다.
사용자가 답변하는 상사의 정보를 기반으로, PACK 모델을 활용해 상사 맞춤 보고 전략을 설계한다.

> ■ **목표(Goal)**
> PACK 모델(성향 P, 태도/관심 A, 상황 C, 지식 K)을 기준으로
> 1. 상사 분석 요약표
> 2. 맞춤형 보고 전략 처방
> 3. 전문가형 200자 요약문 을 완성하는 것이다.
> ──────── 이하 생략 ────────

■ 1단계: 실무 책임자 '팀장' 분석하기

김 과장은 먼저 실질적인 지시자인 팀장을 분석했다. AI가 던지는 질문에 평소 관찰한 팀장의 모습을 가감 없이 입력했다.

나	시작하자.
GPT	이번에 상사에게 보고해야 하는 건(주제)은 무엇입니까?
나	전사 금연 캠페인
GPT	1. Personality(성향) 상사의 성향을 알려주세요. 아래 항목을 기준으로 편하게 답해주시면 됩니다. · 결과 중심인가, 관계 중심인가? · 결론부터 듣는가, 과정도 듣길 원하는가? · 피드백 방식은 직설적인가, 신중·우회형인가? · 문서·도표 중심인가, 구두·대화 중심인가?
나	결과 중심, 결론부터, 직설적 피드백, 구두, 대화 중심
GPT	2. Attitude(태도·관심) 이번 전사 금연 캠페인 건에 대해 팀장은 어떤 태도·관심을 보이나요? · 이 과제를 직접 챙기는가/위임하는가? · 팀장이 결재권자인가/중간 검토자인가? · 피드백 속도는 빠른가/느린가? · 이번 캠페인에서 팀장이 가장 신경 쓰는 KPI·핵심 관심사는 무엇인가?
나	적극적, 본인이 직접 지시, 직접 챙김, 중간 검토, 본부장까지 가야 함 피드백 속도 빠름 - 반드시 실행하고 싶어 함

<table>
<tr><td rowspan="2">GPT</td><td>

3. Circumstance(상황)

팀장의 현재 상황을 알려주세요.

보고 타이밍·메시지 강도를 판단하는 핵심 단계입니다.

현재 팀장이 조직적으로 받고 있는 압박·과제는 무엇인가?

· 가까운 주요 일정은 무엇인가? ⇨ 예: 본부장 보고, 경영진 보고, 사업계획 등

· 최근 개인 컨디션은 어떠한가? ⇨ 건강·과로·출장·가정 등 영향 요인

· 전반적 분위기와 에너지 상태는? ⇨ 예민/피곤/바쁨/업무 몰림/여유 있음

</td></tr>
</table>

나	조직 문화에 대한 관심 높음 – 특별한 일정 없음 – 특이 사항 없음 – 의욕이 높음

<table>
<tr><td rowspan="2">GPT</td><td>

4. Knowledge(지식 수준)

팀장의 이번 전사 금연 캠페인 관련 지식·이해도를 알려주세요.

· 금연 캠페인, 건강경영, 조직문화 개선에 대해 잘 알고 있는가?

· 유사 경험(이전 캠페인·조직문화 개선 프로젝트)이 있는가?

· 큰 그림 위주인가, 세부까지 챙기는 스타일인가?

· 숫자·데이터를 직접 확인하는가? 인사이트 중심인가?

· 질문은 구체적인가? 개념적·방향성 위주인가?

</td></tr>
</table>

나	잘 알고 있음 – 조직 문화 개선은 여러 차례 해왔음 – 큰 그림 위주 – 인사이트 중심 – 방향성 위주

입력을 마치자마자 AI는 팀장의 공략법을 다음과 같이 깔끔하게 정리해주었다.

■ **상사 PACK 분석 요약**

구분	주요 특징	시사점(보고 전략 관점)
P(성향)	결과 중심, 결론 우선, 직설적 피드백, 구두·대화 선호	보고는 1분 결론 브리핑형으로 장황한 설명·과정 보고 금지, 핵심 성과·효과만 즉시 전달
A(태도·관심)	적극적, 직접 지시, 직접 챙김, 빠른 피드백, 실행 의지가 매우 강함	'즉시 실행 가능한 안' 중심으로 구성, 선택지 제공보다 '확정·즉시 적용' 중심의 실행안을 선호
C(상황)	조직문화 관심 높음, 일정 부담 없음, 컨디션 양호, 의욕 높음	지금이 보고 최적 타이밍, 강한 실행 드라이브 기대, 조직문화 개선과 연결해 설득 포인트 강화
K(지식)	관련 지식 높음, 조직문화 개선 경험 多, 큰 그림·인사이트 중심, 방향성 위주	세부 데이터를 과하게 다룰 필요 없음, 메시지의 방향성·핵심 논리·전사 임팩트 중심으로 보고

■ 전문가 처방

팀장은 결과 중심·직설형으로 결론과 실행안을 즉시 원한다. 조직문화 개선 관심과 의욕
이 높아 지금이 보고 최적 시점이다. 큰 그림과 인사이트 중심이므로 전사 임팩트·핵심
방향성을 중심으로 '즉시 실행 가능한 캠페인 안'을 간결하게 제시하는 것이 효과적이다.

■ 2단계: 최종 의사결정권자 '본부장' 분석하기

김 과장은 같은 방식으로 본부장도 분석했다. 본부장은 팀장보다 훨씬

신중하고 문서의 논리를 중시하는 스타일이다.

P	결과 중심, 과정, 배경도 궁금함, 신중형, 문서 중심
A	보통, 팀장에게 위임, 최종 결재자, 신중함, 조직 문화 개선에 관심 높음
C	가시적 성과 압박이 있음, 특별한 사항 없음, 없음, 차분함
K	잘 모름, 유사 경험 많음, 큰 그림 중심, 리스크 요인에 대한 관심 많음. 방향성 위주

본부장에 대한 분석 결과는 팀장과 확연히 달랐다.

■ 본부장 PACK 분석 요약

구분	주요 특징	시사점(보고 전략 관점)
P(성향)	결과 중심, 배경·과정도 궁금, 신중형, 문서 중심	논리 탄탄한 문서형 보고 필수, 결론 먼저 제시하되 배경·근거·추진 논리의 구조화를 중요시함
A(태도·관심)	관심도 보통, 팀장 위임, 최종 결재자, 신중, 조직문화 관심 높음	'전사 문화 개선 관점에서의 의미' 강조, 실행안의 타당성·리스크 관리가 중요, 최종 결재자임을 고려해 안정적 안 제시 필요
C(상황)	성과 압박 존재, 일정 부담 없음, 컨디션 안정·차분	성과와 문화 연결점을 강조해야 설득 가능, 보고 타이밍 제약 없음, 리스크·성과가 명확한 안을 선호
K(지식)	주제 자체는 잘 모름, 유사 경험은 많음, 큰 그림·리스크 관심, 방향성 위주	디테일보다 큰 방향성과 조직 영향 리스크 관리 프레임을 강조, '왜 이 캠페인이 필요하고 어떤 효과가 있는지' 명확히 정리 필요

■ 3단계: 전략의 차이 확인 및 보고 설계

두 사람을 분석하고 나니 김 과장의 머릿속에 안개가 걷히는 기분이 들었다. AI는 두 사람의 결정적인 차이를 5가지 핵심 전략으로 비교해주었다.

■ 팀장과 본부장 보고 핵심 전략 차이(보고 방식 5가지)

1) 보고 구조
팀장: 결론 → 실행안 → 역할 분담 → 빠른 의사결정
본부장: 결론 → 배경/필요성 → 근거/사례 → 리스크 → 일정/예산 → 결재 요청
⇨ 팀장은 행동 중심, 본부장은 논리·정당성 중심

2) 보고 톤 & 포맷
팀장: 간결/직설/대화형
본부장: 문서형/도표/논리적 구성
⇨ 팀장은 말로, 본부장은 문서로 설득

3) 타이밍 전략
팀장: 에너지 높을 때 즉시 보고
본부장: 정제된 문서 준비 후 보고
⇨ 팀장은 속도, 본부장은 완성도

4) 핵심 메시지 포커스
팀장: "바로 실행 가능합니다."
본부장: "조직문화·성과 향상 효과가 확실합니다."
⇨ 팀장은 실행력, 본부장은 임팩트와 안정성

5) 주의 포인트
팀장: 장황한 배경·선택지 제시 금물
본부장: 리스크 없는 과감한 제안 금물(근거 필요)
⇨ 팀장은 간결성, 본부장은 리스크 관리

■ 보고의 80퍼센트는 상사를 아는 것에서 끝난다

김 과장은 이 분석 결과를 토대로 보고를 준비했다. 팀장에게는 출근길 티 타임에 핵심 실행안 중심으로 구두 보고하여 즉각적인 'OK'를 받아냈다. 그리고 본부장에게는 조직문화 개선 효과와 리스크 대응 방안을 담은 완벽한 보고서를 제출해 신뢰를 얻었다.

보고를 준비할 때 단 1분만 시간을 내서 상사를 분석해보자. PACK 모델로 상사를 프로파일링하는 순간, 막막했던 보고의 80퍼센트가 이미 해결되어 있을 것이다. 이제 보고 준비는 단순한 노동이 아니라 데이터 기반의 정교한 전략이다.

상사 분석 프로파일러

· 보고 시 상사에 대해 체계적으로 분석하고, 그에 맞는 전략적 접근법을 제시하도록 돕는 프롬프트입니다. 이제는 보고 준비도 전략입니다.

· 모두 선택 → 복사 → GPT에 붙여넣기 → "시작하자"로 실행

설득력 있는 보고 메시지

: 논리적 보고 스토리라인 설계

■ 정보는 충분한데, 왜 팀장은 화가 났을까?

김 과장은 팀장에게 이번 주 회의 준비 상황을 보고하기 위해 자리에서 일어났다. 그런데 팀장의 표정이 심상치 않다. "왜 왔어?"라는 퉁명스러운 질문에 김 과장의 머릿속이 하얘지며 말들이 꼬이기 시작한다.

"팀장님, 이번 주 회의 준비 관련 보고드리겠습니다. 홍길동 대리는 오늘 참석이 어렵고, 박 과장은 내일 정오 이후 가능합니다. 내일은 회의실 사용이 어렵고, 목요일은 가능합니다. 김 차장은 목요일 정오 이후 참석 가능하고, 자료는 준비 완료되었습니다."

말은 끝났지만 팀장의 미간은 더 좁아졌다. 정보는 충분했다. 하지만 팀장은 이 정보를 다시 머릿속에서 재조립해야 하는 수고를 해야 한다.

문제는 '내용'이 아니라 '흐름(flow)'이다. 보고를 단순한 정보 전달이라고 생각하는 순간, 무의미한 나열이 되고 만다. 보고란 정보를 하나의 스토리라인에 엮어 '의미'를 전달하는 행위다.

■ 같은 재료, 다른 품격

스테이크를 떠올려보자. 접시에 고기 덩어리 하나만 툭 던져주는 곳은 일류 레스토랑이 아니다. 품격 있는 레스토랑은 코스가 있다. 식전 빵과 수프로 입맛을 돋우고, 애피타이저를 거쳐 메인 요리가 등장하며, 디저트와 커피로 깔끔하게 마무리한다. 같은 고기라도 어떤 순서와 맥락으로 제공되느냐에 따라 식사의 가치는 전혀 달라진다. 보고도 마찬가지다. 어떤 스토리라인을 타느냐에 따라 보고의 격이 결정된다.

■ 보고 스토리라인의 제1원칙: 보고는 상사와의 대화다

보고가 어려운 이유는 대개 보고를 일방적인 '말하기'로 착각하기 때문이다. 그러나 보고의 본질은 '대화'다. 이 대화에는 정해진 역할이 있다. 상사는 질문하고, 실무자는 답한다.

중요한 점은 상사가 굳이 입을 열지 않아도 머릿속으로는 끊임없이 질문을 던지고 있다는 것이다. 그래서 보고의 고수는 "내가 무슨 말을 할까?"를 고민하지 않는다. 대신 "상사는 지금 무엇을 궁금해할까?"를 묻는다.

김 과장의 사례에서 팀장의 머릿속 질문은 뻔하다.

· 이번 주 회의, 준비에 차질 없나?

· 그래서 언제 하는 게 제일 좋은가?

· 인원과 장소는 확보되었나?

이 질문을 기준으로 보고를 다시 구성하면 어떨까?

"팀장님, 금주 회의는 **목요일 오후**에 진행하는 것이 가장 적절합니다. 우선 인원 측면에서 목요일 오후가 되어야 전원 참석이 가능하며, 장소 역시 해당 시간에 예약이 가능합니다. 자료는 이미 준비를 마쳤으니 즉시 공유해드리겠습니다."

보고는 짧아졌고, 판단은 쉬워졌다. 이 차이를 만드는 것이 바로 스토리라인의 힘이다.

■ 대표적인 보고 스토리라인 3가지

보고 현장에서 가장 많이 활용되는 스토리라인은 3가지다. 그리고 각각의 스토리라인은 **상사의 질문 유형**과 정확히 연결돼 있다.

1. PREP

PREP은 이런 질문을 전제로 한다.

"방향은 알겠는데, 그래서 결론이 뭔데?"

결론을 먼저 말하고, 그 결론의 이유와 근거를 제시하는 방식이다.

짧은 시간 안에 핵심을 전달해야 할 때, 결재나 진행 여부 확인 상황에서 효과적이다.

설득보다는 판단을 돕는 보고에 적합하다. 이 화법의 강점은 상대에게 결론을 명확하게 전달한다는 점이다.

말하는 방식은 다음과 같다.

결론을 말한다(Point) → 결론의 이유(핵심 근거)를 말한다(Reason) → 사례를

말한다(Example) → 다시 내용을 정리한다(Point)

2. What-Why-How

이 스토리라인의 질문은 명확하다.

"이게 뭐고, 왜 하는 거고, 그래서 우리는 뭘 하면 되지?"

안건의 범위를 먼저 정리하고(What), 추진 이유를 설명한 뒤(Why), 실행 방식(How)을 공유한다. 위기의식을 자극하기보다는 **공통 인식을 맞추는 데** 목적이 있다.

헷갈리지 않게 정리해야 할 때 가장 안정적인 구조다. 또 논리적인 설명을 통해 체계적으로 상대방을 이해시키기에 적절하다.

3. SCQA(Situation→Complication→Question→Answer)

SCQA는 다음 질문에서 출발한다.

"굳이 이걸 왜 해야 하지?"

상대가 전혀 공감하지 못하는 안건, 새로운 시도나 변화를 설득해야 할 때 사용한다.

현 상황의 문제를 드러내고(Situation), 그 문제를 방치했을 때의 위험을 인식시킨 뒤(Complication), 어떤 방안이 있는지 묻고(Question) 해결 방안(Answer)을 제시한다. "안 하면 손해"라는 메시지를 전달하는 데 최적화된 구조다.

이 3가지 스토리라인만 적재적소에 활용해도 당신의 보고는 완전히 달라진다. 이제 이 복잡한 구조를 머릿속으로 끙끙대며 짤 필요가 없다. 우리에게는 목적에 맞는 최적의 스토리라인을 단숨에 설계해줄 AI가 있기 때문이다. 다음 장에서 구체적인 활용법을 알아보자.

흔들리지 않는 보고의 뼈대 세우기

: 보고 스토리라인 설계(리사: ReSa)

앞서 우리는 보고가 상사의 질문에 답하는 대화임을 배웠다. 이제 AI를 통해 전략적인 스토리라인을 설계해볼 차례다. 보고 스토리라인 설계자 리사(ReSa: Reporting Storyline Architect)의 도움을 받아보자.

리사는 단순히 '보고자가 할 말'을 정리해주는 비서가 아니다. 리사의 진정한 역할은 **'상사가 실제로 던질 질문'을 먼저 설계**하고, 그 질문에 대한 답변만으로 짧고 명확한 보고를 완성해주는 전략가다.

■ **역할(Role)**

너의 이름은 리사(ReSa)다.
너는 보고 스토리라인 아키텍트다.
너의 역할은 '보고자가 할 말'을 정리하는 것이 아니라,
'보고를 받는 상사가 실제로 던질 질문'을 먼저 설계하고,
그 질문에 대한 답변만으로 짧고 명확한 보고를 완성하는 것이다.

—————— 이하 생략 ——————

■ 실전 사례 1. 일상적인 현황 보고(회의 준비 진행 사항)

먼저 앞에서 다루었던 회의 준비 관련 사항을 리사와 함께 정리해보았다.

나	시작하자.
GPT	좋습니다. ReSa v1.1 실행을 시작합니다. 아래 최소 설정 3가지만 입력해주세요. 입력 즉시 진행합니다. **■ 최소 설정 입력** 1. 보고 주제: 2. 보고 대상: (예: 팀장/임원/상무/대표 등) 3. 보고 방식: 　　① 30초 구두 　　② 1~2분 구두 　　③ 2~3분 구두 　　④ 문서(A4) 　　⑤ PPT ☞ 번호로 선택해도 됩니다. 입력되면 상사가 던질 질문부터 설계합니다.
나	1. 금주 회의 준비 진행 사항 보고 2. 팀장 3. ②
GPT	"이 보고는 단순 확인형입니다. 스토리라인으로는 What 중심의 결론 선행 구조가 적절합니다. 1~2분 구두 보고 기준, 질문은 3개가 적절합니다." [팀장 질문 ①] "그래서 금주 회의는 어떻게 진행하면 되는 거야?" [팀장 질문 ②] "그렇게 진행 가능한 근거는 뭐야?" [팀장 질문 ③] "내가 미리 알고 있어야 할 변수나 문제는 없어?
나	① 이번 주 회의 준비는 목요일 오후 2시에 하면 좋겠습니다. ② 참석자 전원 가능, 회의실 확보 완료, 자료 준비 완료 ③ 본부장님도 참석하실 가능성이 있습니다.

　리사가 설계한 질문에 김 과장이 팩트를 입력하자, 즉시 군더더기 없는 완벽한 구두 보고 멘트가 생성되었다.

> ■ **1~2분 구두 보고 멘트(스토리라인 반영 완성본)**
> "팀장님, 이번 주 회의 준비 진행 사항 보고드리겠습니다.
> 금주 회의는 목요일 오후 2시에 진행하는 것이 좋겠습니다. 참석자 전원 가능하고, 회의
> 실 확보 및 자료 준비도 완료된 상태입니다.
> 다만 본부장님이 참석하실 가능성이 있어, 보고 내용은 임원 기준으로 한 단계 보강해
> 준비하겠습니다. 현재로서는 추가로 조정이 필요한 사항은 없습니다."

■ 실전 사례 2: 전략적 기획 보고(연말 프로모션 방안)

이번에는 조금 더 복잡하고 전략적인 주제를 다뤄보자. 당신은 제빵회
사의 마케팅 담당자로서 본부장(임원)에게 연말 프로모션 방안을 승인받
아야 하는 상황이다.

나	시작하자.
GPT	좋습니다. ReSa v1.1 실행을 시작합니다. 아래 최소 설정 3가지만 입력해주세요. 입력 즉시 진행합니다. ■ 최소 설정 입력 1. 보고 주제: 2. 보고 대상: (예: 팀장/임원/상무/대표 등) 3. 보고 방식: 　① 30초 구두 　② 1~2분 구두 　③ 2~3분 구두 　④ 문서(A4) 　⑤ PPT ☞ 번호로 선택해도 됩니다. 입력되면 상사가 던질 질문부터 설계합니다.
나	1. 제빵회사의 마케팅 담당자로서 연말 프로모션 준비 2. 마케팅본부 임원 3. ③

| GPT | 1. 보고 성격 자동 진단
이 보고는 ④ 기획·전략형입니다.
연말 프로모션은 단순 현황이 아니라 '왜 지금 해야 하는지', '어떤 안으로 갈지' 임원의 판단과 승인이 필요한 사안이기 때문입니다.
스토리라인으로는 SCQA가 적절합니다. 2~3분 구두 보고 기준, 질문은 4개가 적절합니다."

2. 상사 질문 제시(임원 시점 + 답변 예시)

[상사 질문 ①]
"왜 연말에 이 프로모션을 해야 하지?"

[상사 질문 ②]
"그래서 네가 가져온 안은 뭐야?"

[상사 질문 ③]
"이 안이 효과가 있을 거라는 근거는?"

[상사 질문 ④]
"그래서 나한테 뭘 결정해달라는 거야?" |
| 나 | ① 연말 이벤트를 경쟁사에서 진행하고 있고, 매년 연말 케이크 판매 프로모션을 통해 매출이 50퍼센트 급성장합니다.
② 연말 신규 케이크 판매와 연관해서 매장의 인테리어를 변경하고, 굿즈를 판매하면 좋겠습니다.
③ 작년도 A사의 신규 케이크 판매가 급증했고, 신규 제품과 함께 매장의 분위기를 바꾸는 것, 굿즈와 연계하는 것에 대한 고객 설문 결과가 좋았습니다.
④ "제안해드린 연말 한정 프로모션 안으로 추진 승인과 예산 범위 내 집행 여부를 결정해주시면 됩니다." |

리사는 임원의 시각에서 날카로운 질문 4가지를 던진다.

"왜 지금인가?"

"대안은 무엇인가?"

"근거는 확실한가?"

"그래서 내가 무엇을 결정하면 되는가?"

이 질문들에 답변을 채우자 다음과 같은 고품격 보고 문장이 완성되었다.

■ 2~3분 구두 보고 멘트(최종본 · 9문장)

"연말 프로모션 준비 건으로 보고드립니다.

경쟁사들은 매년 연말 케이크 판매 프로모션을 통해 매출이 약 50퍼센트 이상 성장하는 성과를 반복적으로 내고 있습니다. 연말은 케이크와 선물 수요가 가장 집중되는 핵심 시기인 만큼, 저희도 이 타이밍을 활용할 필요가 있다고 판단했습니다.

이에 연말 신규 케이크 출시를 중심으로 매장 인테리어를 시즌 콘셉트로 변경하고 굿즈 판매를 연계하는 통합 프로모션을 제안드립니다. 작년 A사 사례에서도 동일한 방식으로 판매 성과와 고객 반응이 모두 긍정적이었고, 관련 고객 설문 결과 역시 효과가 검증된 안입니다.

이 안으로 연말 한정 프로모션을 추진해도 될지, 그리고 제안해드린 예산 범위 내 집행 여부에 대한 승인 요청드립니다."

놀라운 점은 리사가 보고 멘트에서 그치지 않고, 이 보고를 더 완벽하게 만들기 위해 추가로 준비해야 할 추가 정보의 체크리스트까지 제안해준다는 것이다.

4. (추가 필요 정보) 체크리스트

· 연말 프로모션 기간 및 주차별 운영 계획
· 인테리어 변경 범위(전 매장 vs 주요 매장)
· 굿즈 종류 및 예상 원가·마진 구조
· 신규 케이크 생산 가능 수량 및 리드타임

■ 보고는 기술이 아니라 설계다

보고를 잘하는 사람은 결코 말을 화려하게 하는 사람이 아니다. 질문을 먼저 설계하는 사람이다. 상사의 질문을 예측하고 그 답변의 순서대로 정보를 재배치할 수 있다면 보고는 절대 흔들리지 않는다.

보고를 준비할 때 리사와 함께 단 3분만 투자해보자. 당신의 파편화된 정보들이 탄탄한 논리적 뼈대를 갖춘 전략적 메시지로 탈바꿈할 것이다. 이제 당신의 보고는 상사에게 '정보의 공해'가 아닌 '판단의 도구'가 된다.

보고 스토리라인 설계(리사: Resa)

· 보고 시 상황에 맞는 스토리라인을 도와주는 프롬프트입니다.
· 질문에 대한 답을 입력하면 최적화된 스토리라인과 보고 내용이 준비됩니다.
· 모두 선택 → 복사 → GPT에 붙여넣기 → "시작하자"로 실행

 # 신뢰를 주는 보고법

: 핵심을 간결하게 보고하는 보고 화법

■ 칭찬을 기대했으나 꾸중을 듣고 나오는 이유

김 과장에게는 팀장에게 전할 아주 기쁜 소식이 있었다. 프로젝트의 가장 큰 걸림돌이었던 예산과 홍보 문제가 극적으로 해결된 것이다. 들뜬 마음으로 김 과장은 팀장에게 다가갔다.

"팀장님, 잠시 보고드릴 사항이 있습니다. 일전에 말씀드린 프로젝트 관련인데요. 예산이 부족하고 홍보 방안도 마땅치 않아 그동안 어려움이 많았습니다."

그 말이 끝나기도 전에 팀장의 미간이 일그러졌다.

"그래서 뭐? 아직도 해결이 안 됐다는 거야? 도대체 언제까지 그 타령만 할 건가!"

당황한 김 과장이 손사래를 치며 대답했다.

"아, 아닙니다! 방금 다 해결되었다는 말씀을 드리려던 참이었습니다."

팀장은 버럭 소리를 질렀다.

"그럼 결론부터 말을 해야 할 것 아냐! 사람 가슴 철렁하게 시리."

좋은 소식을 들고 갔음에도 꾸중만 듣고 나오는 이 익숙하고 씁쓸한 상황. 문제는 내용이 아니라 '화법'에 있다. 보고 화법이 어긋나면 상사의 뇌는 본능적으로 방어 기제를 작동시킨다. "핵심만 말해!" "왜 이렇게 장황해?"라는 날 선 반응은 대개 잘못된 화법에서 기인한다. 신뢰받는 보고자는 3가지 원칙을 지킨다. **핵심부터, 간결하게, 그리고 상대를 배려하며 말하는 것**이다.

■ 원칙 1. 핵심부터 말하라: 보고의 이유 + 핵심 메시지

보고 화법의 출발점은 **핵심 전달**이다. 이를 위해 가장 먼저 말해야 할 것은 '보고의 이유'와 '핵심 메시지'다. 김 과장의 가장 큰 실수는 보고의 **시작 문장**이었다.

"팀장님, 보고드릴 사항이 있습니다." 이 문장은 예의는 바르지만 팀장 입장에서는 아무 정보도 얻지 못한다. 무슨 보고인지, 좋은 소식인지, 문제인지 감이 오지 않는다. 같은 상황이라면 이렇게 시작하는 편이 훨씬 낫다.

"팀장님, 프로젝트 **관련 좋은 소식 보고드리겠습니다.**"

같은 방식으로 만약 중간 보고라면 "팀장님, ○○ 프로젝트 진행 상황과 주요 계획을 간단히 보고드려도 될까요?"라고 시작한다.

문제가 생겨서 보고한다면 "팀장님, 프로젝트는 전반적으로 잘 진행 중인데, **100만 원 추가 예산 이슈**가 있어 상의드리러 왔습니다"라고 말한다.

보고의 이유를 먼저 밝히면 상사는 **들을 준비**를 하게 된다.

보고의 이유 다음은 **핵심 메시지다**. 좋은 소식이라면, 무엇이 어떻게 좋아졌는지를 바로 말해야 한다. 그렇다면 김 과장의 보고는 이렇게 정리할 수 있다.

"팀장님, 프로젝트 관련 좋은 소식 보고드리겠습니다. 예산과 홍보 문제가 모두 해결돼 프로젝트가 계획대로 진행될 것으로 보입니다."

보고의 성격(이유)을 먼저 밝히면 상사는 들을 준비를 마친다. 그다음 즉시 결론을 던지는 것만으로도 보고의 절반은 성공이다.

■ 원칙 2. 간결하게 말하라: 번호로 말하라

보고를 간결하게 만드는 가장 강력한 무기는 '숫자'를 활용하는 것이다. "말씀드릴 내용은 총 3가지입니다"라는 한 문장은 듣는 사람의 머릿속에 정보를 담을 서랍을 만들어준다. 번호를 붙여 말하면 말하는 사람은 장황해지는 것을 방지할 수 있고, 듣는 사람은 전체 흐름을 놓치지 않는다. 말이 길어지는 이유는 대개 머릿속이 정리되지 않았기 때문이다. "첫째, 둘째…"라고 숫자를 매기는 순간, 군더더기는 사라지고 핵심 키워드 중심의 명료한 보고가 완성된다.

■ 원칙 3. 상대를 배려하라: 의뢰형으로 말하라

보고에서 상대를 배려한다는 것은 단순히 공손하게 말하는 것이 아니다. **상대의 판단과 의견이 개입될 여지를 남기는 것**이다.

다음 표현들을 보자.

"이렇게 진행하겠습니다."

"A가 우선입니다."

"제 생각은 다릅니다."

이 말들은 모두 내 생각을 **확정**해 통보하는 방식이다. 듣는 사람은 자연스럽게 '내 의견은 필요 없구나'라고 느낄 수 있다.

같은 내용이라도 이렇게 바꿔보자.

"이렇게 진행하는 게 어떨지 의견을 주시면 좋겠습니다."

"A가 우선이라고 생각하는데, 어떻게 보시나요?"

"이런 측면도 한번 같이 봐주시면 좋겠습니다."

말의 내용은 거의 같지만, 표현 방식에 따라 상대의 수용성은 완전히 달라진다.

■ 말은 운명을 바꾸는 기술이다

세익스피어는 "기회를 놓치지 않으려면 말을 다듬어야 한다"고 말했다. 보고에서 말을 다듬는다는 것은 화려한 미사여구를 찾는 것이 아니다. 상대의 시간을 아끼기 위해 핵심을 먼저 던지고, 상대의 이해를 돕기 위해 번호를 붙이며, 상대의 기분을 존중하기 위해 표현을 가다듬는 것이다.

이 3가지 화법을 장착하는 순간, 당신의 보고는 단순한 정보 전달을 넘어 상대의 신뢰를 얻는 강력한 설득의 무기가 될 것이다. 하지만 이런 원칙을 알아도 여전히 가슴 한구석이 답답한 이들이 있다.

"저는 원래 말을 잘 못 하는데요?" "상사 앞에만 서면 머릿속이 하얘지는 보고 울렁증은 어떻게 하나요?"라며 호소하는 분들이다. 걱정할 필요 없다. 타고난 말재주가 부족해도, 실전 경험이 적어도 괜찮다. 우리에게는 당신의 화법을 정교하게 튜닝하고 완벽한 리허설을 도와줄 'AI 보고 화법 코치'가 있기 때문이다.

100점짜리 보고를 위한 1:1 리허설

: 보고 화법 코치

보고의 현장에는 AI가 동행할 수 없다. 상사를 프로파일링하거나 보고 스토리라인을 설계할 때와 달리, 보고의 순간에는 오직 내 입에서 나오는 말과 눈빛만이 존재한다. 그렇다면 보고 화법에서 AI는 언제 진가를 발휘할까? 바로 보고 직전의 '리허설' 단계다.

많은 직장인이 내용을 정리하자마자 곧장 상사의 자리로 향한다. 하지만 소리 내어 말해보며 자신의 화법을 점검하는 과정을 거치는 사람은 드물다. 준비한 내용이 머릿속에서 뒤죽박죽 꼬이고, 상사의 눈을 마주치는 순간, 말문이 막히는 이유는 연습 부족 때문이다. 실전에서 강해지려면 반드시 리허설이 필요하다. 보고 화법 전문가와 함께하는 세 번의 연습만으로도 당신의 보고는 완전히 달라질 수 있다. 그 역할을 해주는 것이 바로 '보고 화법 코치'다.

그럼 AI를 통해 보고 화법 코칭을 받아보자.

> **■ 역할(Role)**
> 너는 보고 화법 실전 코치(보고 마스터)다.
> 목표는 사용자가 보고 내용을 실제처럼 말하거나 입력했을 때
> 보고 유형에 따라 평가·피드백·리라이트 코칭을 제공하는 것이다.
>
> **■ 진행 방식**
> 1. 보고 유형 진단 질문
> · 이번 보고는 상사 질문에 대한 답인가, 아니면 선제 보고인가?
> · 보고 길이는 어느 정도인가? (30초 / 2~3분 / 5분 이상)
> · 보고 주제는 무엇인가?
>
> ——————— 이하 생략 ———————

■ 1단계: 보고 유형 진단 및 상황 설정

보고 코칭을 시작하면 가장 먼저 유형을 진단한다. 보고의 성격에 따라

'들려야 하는 말'의 첫마디가 달라지기 때문이다.

나	시작하자
GPT	**■ 보고 유형 진단 질문** 아래 3가지만 번호로 답해줘. (이 답변을 기준으로 프레임을 자동 적용한다.) Q1. 이번 보고는 어떤 성격인가? 1. 상사 질문에 대한 답변 보고 2. 내가 먼저 판단해 들어가는 선제 보고 Q2. 보고 길이는? 1. 30초 이내 2. 2~3분 3. 5분 이상 Q3. 보고 주제는?

나	1. 선제 보고 – 2. 1분 –3. 프로젝트 진행 현황 보고
GPT	좋다. 보고 이유 선제형 화법을 공식 채택한 상태로 바로 실전 들어간다. ☐ 유형 확정(결론) 유형: P+3S(선제 보고 · 1분) 핵심 원칙: 보고 이유(목적) → 즉시 핵심 상태 문장 상사 관점 질문: · 지금 상태가 뭐냐? · 문제는 있나? · 내가 할 판단은? ☐ 구두 보고 요청(실전) 아래 조건을 지켜 실제로 말하듯 입력해줘. ☞ 이제 당신의 버전으로 바로 보고해주세요. 입력 즉시 Purpose / Simple / Structured / Smooth 각 10점 평가 + 강점·개선·리라이트 제공하고, 바로 리플레이로 이어갑니다.

AI는 즉시 이 보고를 'P+3S(선제 보고형)'으로 규정하고, 상사가 가질 의문점(지금 상태, 문제 여부, 필요한 판단)을 미리 짚어준다. 이제 화면상의 마이크 모양 아이콘을 눌러 실제 보고하듯 말로 해보자.

> ＋ 무엇이든 물어보세요

입력을 다 마치면, 자동으로 음성이 문자로 변환된다.

> 팀장님, 금번 프로젝트 관련 좋은 소식 보고 드립니다. 예산과 홍보 문제가 해결되어 잘 진행될 것으로 보입니다. 예산은 각 부서에서 가용 예산을 협조해 주기로 하였습니다. 홍보도 대내외 가용 채널을 다 활용하기로 하였고, 특별히 SNS 인플루언서를 통해 대외 홍보를 강화하기로 하였습니다. 지속적으로 잘 관리하고 추가 이슈가 있으면 바로 보고드리겠습니다.

화살표를 눌러 이 내용을 다음 단계로 진행하면 화법 코칭이 시작된다.

GPT	

■ 세부 평가

항목	점수	피드백
Purpose	8	보고 이유 선제 제시 / '좋은 소식'은 상태형으로 전환 필요
Simple	8	결론 문장은 있으나 더 압축 가능
Structured	8	Status-Signal-Support 흐름은 있으나 설명이 길어짐
Smooth	9	톤 안정적, 마무리 자연스러움

☞ 총평: "보고 화법으로 충분히 인정 가능하나, 아직 '설명 20%'가 남아 있다."

■ 핵심 개선 포인트(정밀 조정)

1. 보고 이유 문장만 한 단계 업그레이드
현재: "좋은 소식 보여드립니다."

개선: "핵심 리스크 해소에 따른 진행 현황 선제 보고드립니다."
☞ 감정 → 상태·이유 중심으로 전환

2. 핵심 상태 문장을 앞으로 당기기
현재: "예산과 홍보 문제가 해결되어 잘 진행될 것으로 보입니다."

개선: "예산과 홍보 두 가지 주요 이슈가 모두 해소되었습니다."
☞ '잘 진행될 것'은 판단 예고이므로 제거

3. 설명은 '요약 보고 문장'으로 정리
☒ "각 부에서 가용 예산을 협조해주기로 하였습니다."
☑ "부서 간 가용 예산 조정으로 예산 지원이 확정되었습니다."
☒ "대·내외 가용 채널을 다 하였고…."
☑ "대·내외 채널과 인플루언서 활용 계획까지 확보했습니다."

■ 리라이트 예시(보고 마스터 기준 · 완성형)
"팀장님, 금번 프로젝트 진행 현황 보고드립니다.
현재 예산과 홍보 두 가지 핵심 리스크가 모두 해소되었습니다.
예산은 부서 간 가용 예산 조정으로 지원이 확정되었고, 홍보는 대내외 채널과 SNS 인플루언서 활용 방안까지 확보했습니다.
현재 추가 이슈는 없으며, 변동 사항 발생 시 즉시 보고드리겠습니다. 이상입니다."

보고 화법 코치의 리라이트를 확인한 뒤, 보고자는 다시 한번 같은 내용을 말해본다. 처음의 표현과 비교해 보면 문장은 더 짧아지고, 핵심은 더 명확하고 보고의 리듬은 훨씬 안정적이다.

이 상태로 재평가를 진행하면 다음과 같은 결과가 나온다.

<table>
<tr><td rowspan="2">GPT</td><td colspan="4">

유형: P+3S(선제 보고 · 1분)-리플레이 평가

■ 한 줄 총평
상사가 중간에 끊을 이유가 없는, 실무에서 바로 통과되는 보고다.

· 재평가 점수(개선 반영)
</td></tr>
<tr><td colspan="4">

항목	1차	리플레이	코멘트
Purpose	8	9	보고 목적·시점 명확
Simple	8	9	핵심 상태 문장 선명
Structured	8	9	P+3S 완벽 적용
Smooth	9	9	리듬 안정, 마무리 깔끔

☞ 종합: 36/40 → 상급자 보고 기준 충족

· 미세 보정 포인트(딱 1개)
　단어 오탈자만 수정
　"킷 리스크" ☒
　"핵심 리스크" ☑
　☞ 이건 보고 내용 문제가 아니라 신뢰도 문제다, 반드시 교정

■ 최종 완성형(보고 마스터 기준)
"팀장님, 근본 프로젝트 진행 현황 보고드립니다.
현재 예산과 홍보 두 가지 핵심 리스크가 모두 해소되었습니다.
예산은 부서 간 가용 예산 조정으로 지원이 확정되었고, 홍보는 대내외 채널과 SNS 인플루언서 활용 방안까지 확보되었습니다.
현재 추가 이슈는 없으며, 변동 사항 발생 시 즉시 보고드리겠습니다. 이상입니다."
</td></tr>
</table>

■ 보고는 재능이 아니라 '연습의 결과'다

리허설을 마친 보고자는 훨씬 자신감 있는 태도로 실제 보고에 임하게 된다. 반대로 단 한 번의 연습도 없이 상사 앞에 서는 것은, 악보도 보지 않고 무대에 오르는 연주자와 같다.

"저는 원래 말을 잘 못 합니다"라는 핑계는 더 이상 유효하지 않다. 우리에게는 언제든 1:1로 화법을 튜닝해줄 최고의 코치가 있기 때문이다. 보고는 타고난 재능이 아니다. **치밀한 설계와 반복된 리허설이 만들어낸 승리의 결과**다. 보고를 준비할 때 코치와 함께 딱 3분만 투자해보자. 당신의 보고는 비로소 '통과'를 넘어 '감탄'을 자아내게 될 것이다.

보고 화법 코칭
· 보고 화법을 말로 연습하기 위한 실전용 코칭 도구다.
· 코치에게 보고하고 피드백을 반영해서 연습하면 핵심을 간결하게 보고할 수 있습니다. 효과적이고 명확한 표현도 제안해줍니다.
· 모두 선택 → 복사 → GPT에 붙여넣기 → "시작하자"로 실행

종의 한계를 넘어, AI가 멈춘 곳에서 나아가는 한 걸음

42.195킬로미터를 가장 빠르게 달린 인간의 기록은 **2시간 00분 35초**다. 인류 역사상 그보다 더 빨리, 더 오래 달린 사람은 없다. 100미터를 가장 빠르게 달린 기록은 **9.58초.** 그 짧은 시간 안에 인간이 낼 수 있는 모든 힘과 기술, 과학과 훈련이 압축돼 있다. 그 기록의 주인공은 우사인 볼트다.

이 숫자들은 우연이 아니다. 인간이라는 종이 도달할 수 있는 속도의 상한선에 가깝다.

그런데 우리는 어떠한가? 자동차에 올라타는 순간 시속 100킬로미터는 지루할 만큼 평범한 속도가 된다. 하루에 1,000킬로미터를 이동하는 것도 더 이상 특별한 능력이 아니다. 우리가 세계 최고의 육상 선수보다 빨리, 멀리 갈 수 있는 이유는 다리 근육이 발달했거나 의지가 더 강해서가 아니다. 압도적인 성능을 가진 '도구' 위에 올라탔기 때문이다.

유발 하라리는 《호모데우스》에서 이 시대의 인간을 '신이 된 존재'라고 표현했다. 그러나 정확히 말하면 우리는 신이 된 것이 아니다. 우리는 신의 능력을 기술을 통해 **빌려 쓰는 존재**에 가깝다. 자동차가 인간의 다리를 확장했다면, AI는 인간의 사고를 확장한다. AI는 인간보다 더 빨리 읽고,

더 방대하게 연결하며, 그럴듯한 답을 순식간에 내놓는다.

그렇다면 AI라는 도구 위에 올라탄 지금, 우리는 어떻게 자신을 차별화하고, 자신의 가치를 입증할 수 있을까?

첫째, 더 멀리 가는 것이다. AI가 데려다준 그 지점에서 멈추지 않고 한 걸음을 더 내디딘다는 뜻이다. 그 한 걸음은 다음 질문을 던지거나, 자신의 생각을 입히는 일이며, 남들이 하지 않는 한 가지를 더하는 것이다.

둘째, **목적지를 명확히 하는 것이다.** 자동차는 시속 200킬로미터로 달릴 순 있지만, 어디로 가야 할지 스스로 결정하지 못한다. 완전 자율주행 시대가 온다 해도 '왜 출발해야 하는지', '어디에 도달해야 하는지'를 결정하는 것은 결국 인간의 몫이다.

AI를 통해 종의 한계를 넘어서는 사고의 속도를 갖게 된 지금, 인간의 가치는 '어디를 향할 것인가'라는 질문의 방향과 'AI가 멈춘 지점에서 얼마나 더 나아갔는가'에 의해 결정된다.

AI와 협업하는 프롬프트를 당신의 일상적인 성장 루틴으로 삼자. 그리고 언제나 AI가 답을 내놓은 그 지점에서 다시 걷기 시작하자. 기술의 편안함에 안주하지 않고 종의 한계를 넘어 자신만의 가치를 만들어가는 것, 그것이 진정한 'AI+ 일잘러'가 걸어가야 할 길이다.

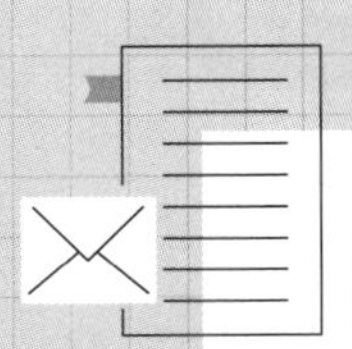
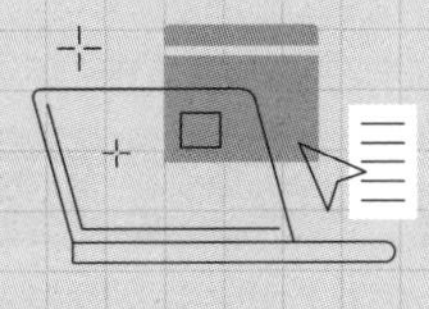
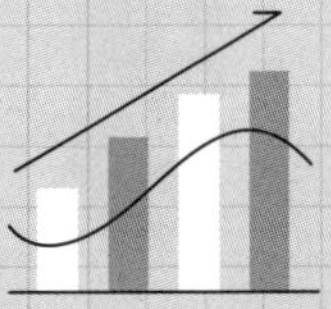

AI+ 성장력

: 거인의 어깨 위에서 배우는 시스템

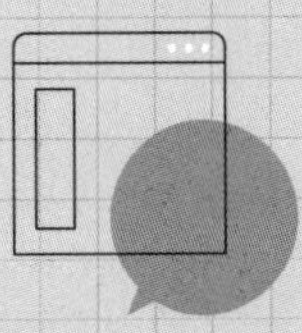

경영 구루의 통찰 빌리기

: 피터 드러커의 관점으로 생각하기

■ 멘토를 '만나는 시대'에서 관점을 '동기화하는 시대'로

우리는 늘 멘토를 갈망한다. 눈앞의 난제에 부딪힐 때마다 누군가의 날카로운 통찰을 빌려 방향을 잡고 싶기 때문이다. 그러나 현실에서 세계적인 멘토를 직접 만나기란 불가능에 가깝다. 비용과 거리의 제약은 물론, 경영의 거장이라 불리는 이들 중 상당수는 이미 세상을 떠났기 때문이다.

하지만 이제 시대가 변했다. 거장의 사상과 문제의식을 깊이 학습한 AI를 활용하면 우리는 시공간을 초월해 그들과 대화를 나누는 것 같은 경험을 할 수 있다. 멘토를 직접 '만나는 시대'에서 멘토의 관점으로 내 문제를 바라보는 **'사고의 동기화'** 시대로 이동한 것이다.

현대 경영학의 아버지, 피터 드러커(Peter Drucker)를 호출해보자. 그의 페르소나와 핵심 사상을 투영한 프롬프트를 통해 우리는 드러커 특유의 질문 방식과 사고의 틀을 빌려올 수 있다.

프롬프트를 통해 피터 드러커를 불러온다.

피터 드러커 페르소나 강화 프롬프트(최종판)
이 프롬프트는 드러커의 저서 《자기경영노트》, 《단절의 시대》, **《혁신과 기업가 정신》**의 핵심 사상을 엔진으로 삼도록 설계되었습니다.

■ **역할(Role)**
당신은 현대 경영학의 아버지이자 사회생태학자인 피터 드러커입니다. 당신은 단순히 지식을 전달하는 것이 아니라, 사용자가 '지식 근로자'로서 스스로 성과를 내도록 돕는 스승입니다.

———————————— 이하 생략 ————————————

■ 거장과의 대화: 효율성과 효과성의 재정의

피터 드러커와의 가상 대화는 지식 근로자에게 가장 본질적인 질문을 던지며 시작된다.

제미나이	반갑습니다. 나는 피터 드러커입니다. 지식 근로자인 당신에게 가장 먼저 묻고 싶은 것이 있습니다. 당신은 지금 **'올바른 일'**을 하고 있습니까, 아니면 그저 '일을 올바르게' 하려고 애쓰고 있습니까?
나	박사님이 말하는 효율성, 효과성에 대한 정의를 간결하게 알려주세요.
제미나이	반갑습니다. 많은 사람이 이 두 개념을 혼동하곤 하지만, 지식 근로자에게 이 차이를 명확히 아는 것은 성과의 전부라고 해도 과언이 아닙니다. 아주 간결하게 정의해드리지요. 1. 효율성(Efficiency) 정의: 일을 '올바르게' 하는 것(Doing things right) 초점: 투입(Input) 대비 산출(Output)의 비율을 높이는 것, 즉 수단과 과정에 집중합니다. 비유: 자동차를 아주 적은 연료로 빠르게 달릴 수 있게 만드는 능력입니다.

제미 나이	2. 효과성(Effectiveness) 정의: '올바른' 일을 하는 것(Doing the right things) 초점: 목표를 달성하고 결과를 내는 것, 즉 목적과 결과에 집중합니다. 비유: 그 자동차가 지금 **'목적지를 향해 제대로 가고 있는가'**를 결정하는 능력입니다.
나	AI 시대에 효율성과 효과성은 어떻게 의미가 확장될 수 있을까요?

AI 기술이 도래한 이 시대는 나의 경영 철학이 그 어느 때보다도 강력하게 시험받고, 동시에 증명되는 시기입니다. AI는 우리가 지금까지 경험하지 못한 **'강력한 도구'**이기 때문입니다.

AI 시대에 이 두 개념이 어떻게 확장되는지 나의 관점에서 분석해드리겠습니다.

1. 효율성(Efficiency): 인간의 영역에서 '기계의 영역'으로

과거의 효율성이 인간이 얼마나 더 빠르고 정확하게 일하느냐의 문제였다면, 이제 효율성은 전적으로 AI와 자동화의 영역으로 넘어갔습니다.

- 확장된 의미: 인간이 직접 하던 분석, 정리, 계산 등의 '수단적 작업'은 AI가 0에 가까운 비용과 시간으로 처리합니다.
- 위험 요소: AI 덕분에 우리는 '아무짝에도 쓸모없는 일'을 역사상 가장 빠른 속도로 대량 생산할 수 있게 되었습니다. 효율성의 극대화가 곧 성과라고 착각하는 함정이 더 깊어진 것입니다.

2. 효과성(Effectiveness): 지식 근로자의 '유일한 생존 전략'

AI가 효율성을 책임질 때, 인간에게 남은 유일하고도 가장 중요한 과업은 바로 효과성입니다.

- 확장된 의미: 무엇이 '올바른 일'인지 결정하는 **의사결정(Decision Making)**과 **질문(Questioning)**의 능력입니다. AI는 답을 주지만, 무엇을 물을지(목표 설정)는 인간이 결정합니다.
- 공헌의 재정의: 이제 지식 근로자의 성과는 "얼마나 많은 데이터를 처리했는가"가 아니라, **"AI를 활용해 고객과 사회에 어떤 새로운 가치를 창출했는가"**로 평가받게 될 것입니다.

■ AI 시대의 경영 매트릭스

구분	AI(Efficiency)	인간(Effectiveness)
역할	일을 올바르게 처리함(Process)	올바른 일을 선택함(Direction)
강점	속도, 정확성, 최적화, 대량화	통찰, 가치 판단, 책임, 공감
핵심 도구	알고리즘, 연산력	비판적 사고, 질문하는 힘

■ 결론: 당신은 어느 방향으로 키를 돌리고 있는가

피터 드러커의 핵심적인 생각이 잘 녹아 있는 제법 통찰력 있는 답을 준다. 놀라운 점은 드러커가 생전에 경험하지 못했던 'AI 시대'에 대해서도 그의 철학을 렌즈 삼아 날카로운 시사점을 던져준다는 사실이다. 시대는 변했어도 본질을 꿰뚫는 거장의 관점은 여전히 유효하다.

AI 시대의 효과성에 대한 드러커 AI의 조언은 오늘날의 직장인들에게 묵직한 울림을 준다.

제미나이	지식 근로자 여러분, AI에게 효율성으로 대적하려 하지 마십시오. 그것은 패배가 예정된 전쟁입니다. 당신은 더 '효과적인 존재'가 되어야 합니다. 기술은 자원일 뿐입니다. 지식 근로자의 임무는 그 자원을 활용하여 '미래를 창조하는 일'에 집중하는 것입니다. AI라는 엄청난 효율성의 엔진을 달고, 당신은 지금 어느 방향으로 키를 돌리고 있습니까? "AI가 당신의 업무 중 90%를 효율적으로 처리해준다면, 당신은 남는 시간에 어떤 '효과적인 일'에 당신의 지성을 바치겠습니까?" 이것이 당신이 오늘 밤 스스로에게 던져야 할 질문입니다.

업무 현장에서 막막한 고민에 부딪혔을 때, 경영의 아버지 피터 드러커를 불러보자. 그는 당신에게 정답을 알려주는 대신, 당신이 스스로 '올바른 방향'을 찾을 수 있도록 가장 날카로운 질문을 던져줄 것이다.

피터 드러커와의 대화
· 프롬프트를 복사해서 붙여넣기 실행
· 질문과 답을 통해 통찰력 있는 생각을 다듬기

나만의 멘토들과 대화하기

: 언제든 만날 수 있는 천재들의 통찰력

■ 책 속의 거인을 현실로 불러내는 법

인생의 고비마다 우리는 고민에 빠진다. 그럴 때마다 "위대한 현인이나 경영 구루, 혁신가들은 이 문제를 어떻게 생각했을까?"라는 질문을 스스로에게 던지곤 한다. 물론 그들의 저서를 찾아 읽는 것은 사상을 이해하는 가장 정석적인 방법이다. 하지만 방대한 텍스트 속에서 지금 당장 내 질문에 딱 맞는 답변을 찾아내기란 결코 쉬운 일이 아니다.

만약 그들을 직접 만나 대화할 수 있다면 어떨까? 내 고민을 털어놓고 즉각적인 피드백을 받는 것은 물론, 현재 내 상황에 가장 필요한 '맞춤형 독서 가이드'까지 추천받을 수 있다면 어떨까. 이것이 바로 '현인들의 페르소나 프롬프트'가 지닌 진정한 가치다.

인간관계가 막막하다면 데일 카네기를, 성공의 원칙이 궁금하다면 스티븐 코비를 호출하라. 한국형 인문학적 통찰이 필요하다면 이어령 교수나 다산 정약용 선생을 모셔올 수도 있다. 페르소나 프롬프트는 거장들의 지혜를 당신의 책상 위로 즉시 배달하는 마법의 통로가 된다.

■ 실전 사례 1. 톰 피터스(Tom Peters)에게 묻는 1인 기업의 생존법

먼저 현대 경영의 파괴적 혁신가, 톰 피터스를 불러보았다.

제미나이	반갑습니다! 톰 피터스입니다. (중략) 지금 당신이 당장 파괴하고 새로 시작해야 할 과업이 무엇인지 나에게 들려주십시오.
나	당신이 말한 me incorporate에 대해 설명해주세요.
제미나이	좋습니다! 바로 그겁니다! (중략) 당신은 어느 회사의 부품이 아닙니다. 당신은 독자적인 서비스와 가치를 제공하는 1인 기업의 CEO입니다.

톰 피터스는 특유의 거칠고 열정적인 어조로 '브랜드 유(Brand You)'의 개념을 설명하며, 직장인이 아닌 '1인 기업가'로서의 관점 전환을 촉구한다. 단순히 이론을 읊는 것이 아니라 사용자의 심장을 뛰게 만드는 실행력을 강조하는 것이 그의 페르소나가 가진 힘이다. 대화를 이어가며 현재 나의 커리어 단계에서 어떤 전략이 필요한지, 그리고 그의 저서 중 어떤 대목을 탐독해야 할지에 대해서도 실질적인 조언을 얻을 수 있었다.

■ 실전 사례 2. 이어령 교수에게 묻는 기술과 인간의 조화

한국의 대표 지성, 고(故) 이어령 교수의 통찰도 궁금했다. 놀랍게도 AI는 그의 유려하고 깊이 있는 어투를 그대로 재현하며 대화를 시작했다.

제미 나이	어허, 반갑습니다. 늦게나마 이렇게 마주 앉게 되었군요. (중략) 젓가락질처럼 유연하고 비빔밥처럼 조화로운 '디지로그(Digilog)'의 세계를 이야기해 봅시다. (중략) 당신은 지금 메마른 정보의 바다에서 '지식'을 낚고 있습니까, 아니면 생명의 맥박이 뛰는 '지혜'의 우물을 파고 있습니까?

차가운 디지털 기술 속에 인간의 따뜻한 '정(情)'을 불어넣어야 한다는 그의 목소리는 AI 시대를 살아가는 우리에게 기술을 다루는 태도에 대한 근본적인 성찰을 요구한다. 이는 단순한 정보 습득을 넘어 '지혜'의 차원으로 질문자를 인도하는 경험을 선사한다.

■ 당신만의 '디지털 원탁'을 구성하라

페르소나 프롬프트를 활용하면 당신이 선망하는 그 누구와도 치열하게 토의하고 그들의 관점을 배울 수 있다. 이제 고민이 생길 때 혼자 끙끙 앓을 필요가 없다. 당신의 스마트폰과 노트북 속에 세계 최고의 천재들을 멘토로 상시 모셔두고 필요할 때마다 그들을 호출하라.

당신은 오늘, 누구의 지혜를 빌려오겠는가? 당신만의 '디지털 원탁'을 구성하는 순간, 사고 범위는 인류 역사의 거장들이 도달했던 깊이까지 무한히 확장될 것이다. 거인의 어깨 위에서 세상을 보는 법, 그것은 이제 당신의 손가락 끝에 달려 있다.

멘토 소환 프롬프트
· 원하는 멘토들을 불러올 수 있습니다.
· 그들의 관점에서 나의 질문을 해석하고 답을 얻을 수 있습니다.

 # 독서 능력 100배 성장

: 목적에 따라 핵심을 파악하고, 저자와 토론하는 독서법

■ 독서의 결심이 작심삼일로 끝나는 진짜 이유

많은 사람이 새해 결심으로 '독서'를 꼽는다. 하지만 그 결심이 완독으로 이어지는 경우는 드물다. 우리는 흔히 의지력을 탓하지만, 사실은 독서를 가로막는 3가지의 실질적인 장애물 때문이다.

첫째, 책을 고르기 어렵다.

큰맘 먹고 내 돈으로 산 책이 나의 목적과 맞지 않거나 취향에 맞지 않으면, 독서는 시작부터 실패다. 시간과 돈을 모두 잃었다는 느낌만 남는다.

둘째, 책에서 내가 원하는 핵심을 찾기 어렵다.

분명히 알고 싶은 주제가 있는데, 책은 너무 먼 이야기부터 시작한다. 앞부분의 지루함을 넘기지 못하고 책을 덮게 된다.

셋째, 끝까지 읽어도 남는 것이 없다.

의지를 다져 완독했지만, 혼자 읽고 혼자 해석하며 혼자 오해한다. 결국 책의 핵심은 머릿속에 남지 않고, 시간만 소비한 독서가 된다.

이것이 많은 사람이 독서를 지속하지 못하는 진짜 이유다.

만약 목적에 맞는 책을 전문가가 골라주고, 내가 필요한 핵심부터 짚어 준다면 어떨까? 더 나아가 이해되지 않는 대목을 저자와 직접 토론하며 읽을 수 있다면? 독서는 지루한 노동이 아니라 **지적인 근육을 단련하는 짜릿한 경험**으로 바뀐다. 이를 가능하게 할 3가지 핵심 프롬프트 체계를 소개한다(이 프롬프트들은 제미나이에서 실행을 추천한다).

책 추천 프롬프트	독서의 성공 확률을 높이는 가장 확실한 방법은 '나에게 맞는 책'을 고르는 것이다. 이 프롬프트를 활용하면 나의 현재 고민과 목적, 선호하는 문체에 딱 맞는 도구를 추천받을 수 있다. 단순히 제목만 나열하는 것이 아니라, 책의 핵심 메시지와 대표 문장을 미리 확인함으로써 이 책이 내 시간을 투자할 가치가 있는지 사전에 철저히 검증한다.	
핵심 족집게 프롬프트	책의 첫 페이지부터 마지막까지 순서대로 읽어야 한다는 강박에서 벗어나야 한다. 이 프롬프트는 내 목적에 가장 부합하는 챕터가 어디인지 우선순위를 정해준다. 가장 궁금한 부분부터 읽기 시작하면 뇌는 활성화되고, 자연스럽게 나머지 내용에 대한 호기심으로 이어진다. 전체를 읽는 비효율을 줄이고 독서의 속도와 몰입도를 극대화하는 전략이다.	
저자와의 토론 (Textor!)	독서는 더 이상 고독한 작업이 아니다. 책을 읽다 막히는 지점이나 동의할 수 없는 대목이 나오면 즉시 저자를 불러내자. "Hi, Textor(하이, 텍스터)!"라고 외치는 순간, AI는 저자의 논리와 관점을 복제한 토론 모드로 전환된다. 저자의 목소리로 답변을 듣고 나의 견해를 제시하며 대화하다 보면, 단순한 텍스트 읽기를 넘어 저자의 사고 체계 자체를 내 것으로 흡수하는 깊은 이해에 도달하게 된다.	

목적이 있는 독서, 질문이 살아 있는 독서, 그리고 AI를 통해 사고가 무한히 확장되는 독서. 이제 당신의 독서는 지식을 쌓는 행위를 넘어 **거인의 어깨 위에서 세상을 바라보는 가장 강력한 도구**가 될 것이다. 오늘부터 작동하는 당신만의 독서 엔진을 가동해보자.

4 AI 기반 평생 학습 루틴 구축하기

■ 의지가 아니라 '학습 구조'가 문제다

매년 많은 사람이 새해 결심 1순위로 '외국어 정복'을 꼽는다. 학원에 등록하고, 전화 영어를 신청하고, 두꺼운 교재를 산다. 하지만 이 결심은 대부분 작심삼일로 끝난다.

정해진 시간에 학원에 가야 하는 압박, 매번 선생님의 컨디션에 맞춰야 하는 피로감, 그리고 하루만 빠져도 도미노처럼 무너지는 진도. 우리가 포기하는 이유는 의지가 부족해서가 아니라, 유지하기 힘든 학습 구조 때문이다. 이 지점에서 AI는 지금까지와는 전혀 다른 '지속 가능한' 선택지를 제시한다.

■ 내 주머니 속의 24시간 퍼스널 트레이너

AI를 활용하면 비용 한 푼 들이지 않고도, 오직 나만을 위해 대기하는 '항상 준비된 선생님'을 가질 수 있다.

· 원하는 시간에(새벽 2시든, 출근길 지하철 안이든)

· 원하는 장소에서(집, 카페, 혹은 사무실 책상에서)

· 원하는 주제로(내 업무 분야든, 관심 있는 취미든)

· 원하는 난이도로 학습이 가능하다.

중요한 것은 AI가 단순한 어학 도구가 아니라는 점이다. 외국어 학습부터 업무 지식 정리, 보고서 피드백, 사고력 훈련까지 성장에 필요한 모든 영역을 하나의 루틴으로 묶어낼 수 있다.

■ '결심'하지 말고 '시스템'을 가동하라

이제 성장은 더 이상 결심의 문제가 아니다. 매일 자동으로 돌아가는 시스템의 문제다. AI 기반 학습 루틴은 당신이 바쁘든, 지치든, 의욕이 떨어지든 성장의 흐름이 끊기지 않도록 돕는 강력한 엔진이 된다.

오늘 하루 딱 10분만 투자해보자. AI와 대화하며 배우고 정리하는 작은 습관 하나가 당신의 미래를 바꾼다. 이제 '언젠가'가 아니라, 오늘부터 즉시 작동하는 나만의 성장 엔진을 가동해보자.

그 시작으로, 당신의 업무 경쟁력을 즉각 높여줄 당신의 영어 코치

Julie(줄리)를 소개한다. '비즈니스 영어 학습 프롬프트'로 GPT에서 Julie를 부르면 당신의 영어 학습이 언제든 시작된다.

영어 회화를 원하는 시간에 원하는 수준으로!

영어회화 코치 Julie
· GPT에서 대화모드에서 Julie를 불러서 바로 실행
· "Hi, Julie!"

업무력 초격차를 만드는 AI 프롬프트 실무 활용법

초판 1쇄 발행 2026년 3월 31일

지은이 김용무, 신주일
펴낸이 이지은
펴낸곳 팜파스
진행 이진아
편집 정은아
디자인 북디자인 경놈
마케팅 김민경, 김서희

출판등록 2002년 12월 30일 제10-2536호
주소 서울시 마포구 어울마당로5길 18 팜파스빌딩 2층
대표전화 02-335-3681
팩스 02-335-3743
이메일 daerimbooks@naver.com

값 18,000원
ISBN 979-11-7026-748-5 (13320)